Elogio espiritual de la
GENEROSIDAD

MARTÍ COLOM

Elogio espiritual de la
GENEROSIDAD

SAN PABLO

© SAN PABLO 2024
Protasio Gómez, 11-15. 28027 Madrid
Tel. 917 425 113
secretaria.edit@sanpablo.es - www.sanpablo.es
© Martí Colom Martí, 2024

Distribución: SAN PABLO. División Comercial
Resina, 1. 28021 Madrid
Tel. 917 987 375
ventas@sanpablo.es
ISBN: 978-84-285-7182-1
Depósito legal: M. 16.159-2024
Impreso en LiberDigital
Printed in Spain. Impreso en España

A todos los amigos y amigas de
«La Resurrección» de Bogotá,
por su generosidad.

Hay más dicha en dar que en recibir.
He 20,35

La vida se alimenta de días generosos.
Si se ha podido dar, la muerte es otra.
JOAN MARGARIT, *La época generosa*

Un camino poco transitado

Todos tenemos carencias. Y todos tenemos algo para dar. En cierto modo, vivir es el arte de decidir qué nos importará más: estar pendientes de lo que otros pueden brindarnos, o preguntarnos por lo que nosotros les podemos ofrecer.

Hay en nosotros una mirada depredadora, que nos lleva a ver el mundo desde la óptica de lo que nos falta y a preguntarnos en todo momento qué podemos obtener de los demás. Y hay una mirada generosa, que se fija en las necesidades de los que nos rodean y se pregunta qué podemos aportarles. El protagonismo que otorguemos a una u otra mirada decidirá, en gran medida, qué clase de persona seremos.

Más allá de nuestros talentos, de nuestra inteligencia, simpatía o carisma personal, más allá de nuestra personalidad o temperamento, lo que termina definiéndonos, aquello que al final *queda,* es nuestra generosidad o egoísmo. Alguien puede resultarte atractivo y seducirte por su belleza, por su encanto, por su lucidez, por su fortaleza, por sus habilidades artísticas, por infinidad de cosas; sin embargo, si a todo esto no añade la generosidad y, por el contrario, en medio de sus cualidades empiezas a percibir en él o en ella el espíritu del depredador, que solo busca en ti y en los demás aquello que podáis darle para subsanar sus carencias, es muy probable que la relación con esa persona se complique y enrarezca. En cambio, puede que de entrada alguien te resulte anodino, gris, insulso. No obstante, si poco a poco descubres en él un espíritu genuinamente generoso, una voluntad sincera de darse, de ofrecer su tiempo, su cercanía y sus bienes a quienes le rodean, es muy probable que termines encantado con su compañía y amistad. Generosidad y egoísmo son fundamentales a la hora de determinar nuestra presencia en el mundo y la impronta –positiva o negativa– que dejamos en los demás.

Sin embargo, ser generosos nos cuesta. El desprendimiento sigue siendo, hoy igual que siempre, un camino poco transitado. Hay algo primitivo y visceral, arraigado en lo más profundo de nuestra naturaleza, que nos asegura que la generosidad es peligrosa. Dar, o dar con excesiva frecuencia y prodigalidad, se nos antoja como una actividad plagada de riesgos, contraria a nuestros intereses, en la que podríamos terminar perdiendo demasiado.

El sistema económico en el que vivimos, marcado por el énfasis en el derecho casi sagrado a la propiedad privada y en las leyes inapelables de la oferta y la demanda, donde todo tiene un precio y donde parece que nada pueda regalarse, también nos previene en contra del desprendimiento –tal vez intuyendo que, en un mundo gobernado por la generosidad, el mercado perdería relevancia–.

En definitiva, la formulemos con más o menos lucidez, la pregunta que nos confronta es muy simple: ¿por qué, ser generosos?, ¿por qué tendría que ser mejor ofrecer y regalar nuestros bienes –materiales, y también nuestro tiempo, nuestro interés y nuestras energías– que intentar que los demás nos regalen los suyos?

El evangelio responde a esta cuestión con una frase sencilla y contundente, una de esas máximas geniales que huelen a verdad: «Hay más dicha en dar que en recibir» (He 20,35). La pronuncia san Pablo en el libro de los Hechos de los apóstoles, atribuyéndola a Jesús. Lo llamativo, por supuesto, es que no plantee el asunto en términos morales: no dice que dar sea lo más *bueno,* lo más *correcto,* lo más *justo* o lo más *virtuoso.* Atento a los deseos últimos del corazón humano, lo que afirma Jesús es que la generosidad es *fuente de felicidad* para quien la cultive y ponga en práctica. Tal vez no siempre hemos sabido ver que una de las preocupaciones esenciales del Evangelio es la felicidad humana, y que en él no hay nada que menoscabe o contradiga nuestra búsqueda instintiva de la dicha y la plenitud. Por eso es buena noticia.

Seguramente no haya habido épocas de la historia más generosas que otras: lo más probable es que siempre haya existido una proporción similar de gente desprendida y de gente egoísta. En todo caso, hubo momentos en que la generosidad de algunos logró inspirar a la mayoría, y otros (estos, desgraciadamente, más numerosos) en que la mezquindad se impuso y marcó el rumbo del conjunto. Lo que es indudable es que *nuestro* tiempo no puede contarse entre los mejores, ni hacer grandes alardes de altruismo. Más bien cabría decir que globalmente padecemos un tremendo déficit de generosidad: sus consecuencias abarcan desde la inconciencia con que caminamos por el filo del abismo de la crisis climática hasta la indiferencia con que contemplamos el drama de la inmigración, la feroz desigualdad económica que define nuestro siglo o la polarización que nos divide en bandos ideológicos irreconciliables.

No sé si con más generosidad se arreglarían milagrosamente todos los problemas del mundo. Sí estoy convencido de que las cosas mejorarían si más personas se dejaran guiar por ella en los distintos ámbitos de la vida –familiar, social, político y económico–. Por eso me parece importante ahondar en las raíces de la generosidad, recordar qué dice la fe cristiana a propósito de ella, caer en la cuenta de lo que obstaculiza su camino, reflexionar sobre sus dinámicas, sobre el papel que puede jugar en el amor, en los conflictos, en los momentos difíciles de la vida y pensar, también, cuáles son sus límites.

En las páginas siguientes desgranaré diversas reflexiones, muy breves, sobre estas cuestiones, sin perder nunca de vista la observación bíblica de que hay más dicha en dar que en recibir. Me parece que en esta frase se esconde una verdad muy fecunda, capaz de orientar nuestras vidas: una verdad que constituye el mejor elogio que podemos hacer de la generosidad, y que, por ello, nunca deberíamos olvidar.

CAPÍTULO 1

La generosidad, esencia del Evangelio

La felicidad humana es una de las preocupaciones primordiales del Evangelio. A Jesús le importa que seamos dichosos, y su mensaje es buena noticia precisamente porque contiene, entre otras cosas, una senda –peculiar, eso sí– hacia la plenitud –que es otra forma de nombrar la felicidad–. Es posible que este énfasis de los evangelios en la dicha sea una de las claves de su éxito y explique por qué, después de dos mil años, seguimos leyéndolos y siguen generando interés. De hecho, cuando despojamos a los evangelios de su preocupación por la alegría de las personas y los convertimos –como tantas veces hemos hecho– en un frío compendio de normas morales, en un manual de piedad o en un tratado más o menos ininteligible sobre la naturaleza de Dios, se pierde su esencia. Porque sí, es obvio que el evangelio expone una idea sobre de Dios, y establece los fundamentos de una moral y de una espiritualidad, pero nunca deberíamos perder de vista que, en todas esas dimensiones, la felicidad de las personas tiene un papel protagonista. El Dios de Jesús quiere que seamos felices; la moral que se nos invita a practicar nunca exige el precio de nuestra desdicha; la espiritualidad que se nos propone redunda en nuestra alegría.

En este sentido, tal vez podríamos jugar con el título de la primera encíclica del papa Francisco y sugerir que, además de *La alegría del Evangelio* podríamos hablar del *Evangelio de la alegría*. No es solo que vivir el Evangelio nos alegre –cosa que es muy cierta–. Es más que eso: es que el propio Evangelio contiene una meditación en torno al tema de la felicidad. La búsqueda de los caminos por los cuales las personas alcanzamos la dicha es uno de los ejes principales del mensaje cristiano. De eso habla Jesús cuando dice: «He venido para que tengáis vida, y vida *en abundancia*» (Jn 10,10). Es decir, que no se trata solo de ir sobreviviendo o malviviendo, cubriendo apenas nuestras necesidades más básicas y sorteando de la mejor manera posible las crisis que nos vayamos encontrando en el camino; la misión de Jesús es dar vida en abundancia, y en esta abundancia está incluida, y ocupa un lugar primordial, la felicidad. Lo que sucede, eso sí, es que los *medios* que el Evangelio propone para alcanzarla son poco convencionales, y contradicen tanto nuestro instinto como lo que para muchos constituye el sentido común. Y aquí es donde entra en juego la generosidad.

No sabemos si Jesús realmente pronunció la frase que Lucas, autor del libro de los Hechos de los apóstoles, pone en boca de Pablo, en su discurso a los responsables de la comunidad de Éfeso:

> Os hice ver en todo que hay que trabajar para socorrer a los necesitados, acordándoos de aquellas palabras del Señor Jesús cuando dijo: «Hay más dicha en dar que en recibir» (He 20,35).

La máxima no aparece ni una sola vez en los escritos de Marcos, Mateo, del propio Lucas o de Juan. Sin embargo, tiene un indiscutible sabor a autenticidad y a Evangelio. En consonancia con lo que venimos diciendo, y en consonancia también con las Bienaventuranzas, que no definen el camino del cristiano en clave moral, de cumplimiento de la Ley, sino en clave de búsqueda de la felicidad –no dice *rectos y justos* son los pobres de espíritu, los humildes, los buscan la paz, los que tienen hambre y sed de justicia... sino *felices* quienes hacen todo esto—, también aquí el acento está en que la opción por la generosidad es fuente de alegría.

Según Jesús, la entrega y el desprendimiento son condición indispensable para alcanzar la dicha. Lo deja muy claro, entre otros, el episodio del hombre rico que se le acerca buscando el sentido de su vida (Mc 10,17-22). Cuando Jesús lo invita a poner en práctica una generosidad radical («Una cosa te falta: vende todo lo que tienes y dáselo a los pobres», v. 21) el otro frunce el ceño y se va *entristecido,* «pues tenía muchas posesiones». ¡Qué fundamental y qué lúcido, este adjetivo que el narrador utiliza para describir el estado de ánimo de aquel hombre temeroso! El apego a sus muchas posesiones le impide seguir la invitación de Jesús. Y, como resultado, la tristeza hace presa de él. El egoísmo es la razón de su desdicha.

Es evidente que hablar de desprendimiento en estos términos lo hace mucho más atractivo que si se hablara de él como de un precepto, de algo que hay que hacer porque así está mandado. Las leyes y las normas son necesarias para la convivencia, pero su cumplimiento raramente toca nuestra fibra más íntima o nos conmueve. La búsqueda de la felicidad, por el contrario, es un anhelo profundamente humano. ¿Quién no quiere encontrar el modo de ser feliz?

El evangelio afirma que subsanamos nuestra carencia fundamental, que es la *carencia de sentido* –la falta de propósito, del saber para qué estamos aquí[1]–, cuando, en vez de preocuparnos por nosotros y nuestras necesidades, nos preocupamos por los demás y *sus* carencias. La simplicidad del argumento puede llegar a resultar sospechosa; sin embargo, en él anida una verdad de la que puede dar testimonio cualquiera que alguna vez haya hecho algo por alguien, desinteresadamente, y a resultas de ello haya experimentado la satisfacción íntima y duradera que nace de los gestos generosos. Salir del pozo de la autorreferencialidad e interesarse por la vida y las necesidades de los demás es una forma de plenitud.

Muchas tradiciones espirituales y religiosas identifican la *humildad* como una virtud imprescindible, sin la cual las personas no podemos empezar a madurar interiormente. Reconocer nuestra contingencia y nuestra dependencia de los demás, y de Dios, se convierte en la condición indispensable para iniciar el cultivo de una interioridad fecunda. Es cierto que la humildad

---

[1] Como ya observó de forma genial y memorable Víctor Frankl en su clásico *El hombre en busca de sentido.*

constituye el primer umbral que debemos cruzar quienes aspiramos a cierta madurez humana –¡qué pueriles son los soberbios!– y a comprender algo del corazón de Dios. Por ahí va Jesús, cuando asegura que los ricos –término que identifica tanto a los poseedores de fortuna material como a las personas prepotentes, pagadas de sí mismas y convencidas de saberlo todo, de tener todas las respuestas y de no necesitar a nadie– lo tendrán muy difícil para entrar en el reino de Dios (Mc 10,23). Ahora bien, si la humildad es el fundamento de toda vida espiritual –religiosa o no–, la *generosidad* es lo específico de la propuesta cristiana. La humildad nos hace personas. La generosidad nos hace cristianos.

El arrogante, a causa de su arrogancia, ve cerradas ante sí –aunque no se dé cuenta– las puertas de la plenitud humana. Sin un mínimo de humildad somos personas infantilizadas, hombres y mujeres hinchados de ego, creídos, ridícula y absurdamente convencidos de nuestro lugar central en el mundo –como un niño, que desconoce su contingencia y quisiera, como aquellos chiquillos de la parábola evangélica, que el mundo bailara al son de sus deseos y caprichos[2]–.

---

[2] «¿A quién diré que se parece esta generación? Se parece a esos niños sentados en la plaza que se gritan unos a otros: "Tocamos la flauta y no bailáis, cantamos lamentaciones y no lloráis"» (Lc 7,31-32; Mt 11,16-17).

Del mismo modo, al egoísta se le cierra el camino del Evangelio, que es, antes que nada y por encima de todo, un camino de entrega. Porque sin generosidad no comprendemos una de las verdades esenciales de nuestra fe: la afirmación de que, si el egoísmo nos condena, ella nos salva, en el sentido de que nos abre las puertas a una existencia más libre y más dócil al Espíritu, que siempre es liberador.

Un cristiano mezquino y avaro es un oxímoron, como lo serían un budista angustiado o un musulmán desobediente: así como la esencia del budismo es la impasibilidad y la del islam es la sumisión a la voluntad de Dios –simplificando mucho, pero sin faltar a la verdad–, la del cristianismo es la generosidad. Lo cual no significa, por supuesto, que en el mundo no existan muchos cristianos tremendamente egoístas –al igual que debe de haber budistas angustiados y musulmanes desobedientes–: son cristianos sobre papel y de misa; tienen una partida de Bautismo y participan de la Eucaristía dominical, pero no viven la esencia de su fe.

Si uno trata de destilar la vida y las enseñanzas de Jesús, lo que halla en el corazón de la experiencia del profeta de Nazaret es una visión del mundo arraigada en la fe en el Padre de la misericordia, que le empuja hacia una generosidad sin

límites. Para Jesús, el desprendimiento es fundamental: se convierte en el rasgo distintivo de su
estilo de vida, e invita a quienes quieran seguirle
a practicar una generosidad sobreabundante, que
a ratos roza lo irracional: «Si alguien te pide la
túnica, déjale también el manto; y al que te obli-
gue a andar una milla vete con él dos. A quien te
pida da, y al que desee que le prestes algo no le
vuelvas la espalda» (Mt 5,40-42). «Cuando des
un banquete, no invites a tus amigos ni a tus hermanos ni a tus parientes ni a vecinos ricos; no sea
que te inviten ellos para corresponder y quedes
pagado. Al revés, cuando des un banquete, invita
a los pobres, lisiados, cojos y ciegos; y dichoso tú
entonces, porque no pueden pagarte; te pagarán
cuando resuciten los justos» (Lc 14,13-14).

Toda la experiencia de Jesús se puede conden-
sar en la palabra *entrega*. Los evangelios relatan
el itinerario de un hombre que se desvive por
sus discípulos, por los enfermos, por los margi-
nados, por los pobres, dando finalmente su vida
en el Gólgota y encarnando así su propia enseñanza: «Nadie tiene amor más grande que quien
entrega su vida por sus amigos» (Jn 15,13).
Antes, en la última cena, ha tomado pan, lo ha
partido y repartido y ha dicho: «Tomad, esto es
mi cuerpo» (Mc 14,22). Su enseñanza definitiva
ha sido pedir a sus amigos que se desvivan los

unos por los otros en el servicio: les ha lavado los pies y les ha indicado que ellos deberían hacer lo mismo: «También vosotros debéis lavaros los pies unos a otros» (Jn 13,14).

Quizá no sea superfluo recordar que los evangelios no se escribieron tanto para que sus lectores *admiraran* a Jesús, desde una cómoda distancia, como para que lo quisieran *imitar*. La intención última de los evangelistas no fue elaborar el retrato de un hombre perfecto, inalcanzable, ante cuyo ejemplo solo nos quedase la opción de aplaudir, como quien asiste a un concierto y sentado en su butaca se asombra de la habilidad de un virtuoso del violín o del piano cuya destreza sabemos que jamás conseguiremos. Al contrario, la intención última de los evangelistas es ayudarnos a caer en la cuenta de que *la historia de Jesús es nuestra propia historia,* que lo que él recorrió fue un viaje que todos estamos invitados a –y *capacitados* para– recorrer. Su entrega y generosidad no son las hazañas de un héroe homérico situadas fuera del alcance de los limitados mortales que las contemplamos con tanta admiración como impotencia. Su entrega y su generosidad son el camino que nos propone imitar para descubrir, en ellas, el significado de nuestra propia existencia. Ya lo dijo san Pablo, escribiendo a los cristianos de Corinto: «Sed imitadores míos, como yo lo soy de Cristo» (1Cor 11,1)[3].

Así, la generosidad sin límites de Jesús marca un camino muy concreto, y también paradójico, hacia la plenitud de todo ser humano: solo en la entrega se hallará el sentido de la propia existencia y, con él, la felicidad. «Porque si uno quiere salvar su vida [aferrándose a sus seguridades], la perderá; en cambio, el que pierda su vida por causa mía [es decir, el que generosamente la entregue por lo más necesitados], la encontrará» (Mt 16,25). En nuestra capacidad por desprendernos de lo que consideramos más precioso está la clave para alcanzar la dicha.

Desde la perspectiva de la fe cristiana hay más dicha en dar que en recibir, entre otras cosas, porque en la experiencia del desprendimiento nos acercamos a la propia experiencia de Dios. En el acto de dar de lo que tenemos y de darnos a los demás, en especial a los más pobres y vulnerables, vislumbramos un atisbo del corazón de Dios, que es pura generosidad. Es lo que veremos a continuación.

---

[3] En este sentido, sería fecunda la reflexión –que se escapa del ámbito de este texto– acerca de las consecuencias negativas que ha tenido a lo largo de la historia del cristianismo el encumbramiento de Jesús: venerándolo, adorándolo y –no pocas veces– olvidando su humanidad, quedándonos solo con su dimensión divina, los cristianos lo hemos ido *alejando* de nuestra experiencia, de modo que nos hemos ahorrado la responsabilidad de imitarlo.

CAPÍTULO 2

La generosidad de Dios: la piedra rechazada por los arquitectos

La generosidad radical de Jesús apunta a la generosidad del Padre. El desprendimiento del Hijo tiene sus raíces en su comprensión de que el *Abbá* es pura donación de sí mismo y de que Dios, como dice la primera carta de Juan, «nos amó primero» (1Jn 4,19).

Los evangelios identifican el Bautismo de Jesús como el momento en el que él tomó plena conciencia de la naturaleza desprendida del Padre. Tal vez no sería exagerado decir que ahí, al salir del Jordán, el carpintero de Nazaret hizo un *descubrimiento:* «Mientras salía del agua, vio rasgarse el cielo y el Espíritu bajar como una paloma hasta él. Hubo una voz en el cielo: "Tú eres mi Hijo, el amado, en ti me complazco"» (Mc 1,10-11). Allí y entonces Jesús comprendió que el Padre lo amaba y se complacía en él, y entendió que debía olvidarse para siempre de la idea de un Dios indiferente, encerrado en sí mismo, lejano o –¡peor aún!– agraviado, como el que seguramente le habían explicado desde su infancia.

Hasta que nosotros no sigamos los pasos de Jesús y comprendamos –con la razón y con el corazón– que Dios es absolutamente generoso, algo fallará en nuestra vida de fe, porque seguiremos siendo rehenes de imágenes del Padre que ignoran su rasgo más fundamental: seguiremos empantanados en la idea –falsa, y ajena al evangelio– de un Dios al que nosotros le *debemos* algo.

Este Dios inventado que nos reclama el pago de una deuda siempre será muy tentador para quienes se erijan como sus representantes en la Tierra. A base de ignorar la gratuidad con que Dios nos amó primero y nos sigue amando hoy, y a base de subrayar la supuesta ira de un Dios que exige la reparación de una ofensa, es muy fácil construir una religión opresiva, centrada en el pecado y en la culpa. Y, de ahí, ya solo hay un pequeño paso a concluir que la deuda contraída con Dios puede pagarse, y de mil maneras, a través de los medios que proponga la Iglesia –o la institución religiosa de turno–. Ofrendas, exvotos, penitencias y sacrificios se convierten en monedas de cambio administradas por funcionarios de lo sagrado que nos aseguran que, con ellas, podemos aplacar la ira del Dios agraviado. Cuando esto ocurre en el cristianismo, la institución eclesial deja de ser la comunidad de los hermanos que celebran juntos la buena noticia del Dios del amor y pasa a ser el gris peaje por el que toca pasar, aunque sea a regañadientes, para lograr el anhelado billete al cielo.

¿Qué es, «la piedra que rechazaron los arquitectos» (Sal 118, citado por Jesús en Mt 21,42), sino la misericordia de Dios?

Los arquitectos la rechazaron a plena conciencia, sabiendo que, con ella, no podría levantarse el edificio que deseaban, donde lo esencial era convertir la fe en un interminable acto de expiación cuyos administradores serían ellos, constructores y custodios de una religión centrada en la culpa, y en la que intencionalmente se ignoraba la búsqueda de la dicha de la que Jesús habló tan a menudo.

En Jesús, la piedra que rechazaron los arquitectos –es decir, la fe en un Dios que es pura donación de sí mismo y que no nos reclama nada, tal y como pone de manifiesto de un modo insuperable el padre misericordioso de la parábola del hijo pródigo– se convierte en la piedra angular de un edificio nuevo: edificio de acogida, inclusivo e incluyente, edificio de libertad en el que se pueden sentir a gusto todos aquellos que han sabido superar las trampas del egoísmo y han descubierto que nuestra felicidad sí importa, porque le importa a Dios, y que la generosidad, aunque de buenas a primeras nos cueste creerlo, es un camino privilegiado para alcanzarla.

CAPÍTULO 3

¿Por qué nos cuesta tanto ser generosos?

Hace dos mil años, Lucas, autor del libro de los Hechos de los apóstoles, puso en boca de Pablo la afirmación (que Pablo atribuye a Jesús) según la cual «hay más dicha en dar que en recibir». Llevamos veinte siglos leyéndolo y, sin embargo, todavía no nos lo acabamos de creer: la generosidad sigue costándonos, y mucho. ¿Por qué? ¿Por qué nos resulta tan difícil ser personas desprendidas? Ensayemos algunas respuestas.

En primer lugar, porque dos mil años son apenas un suspiro en comparación con la larguísima historia de la evolución de nuestra especie. Hay en cada ser humano un poderoso instinto animal de autopreservación, atávico y primitivo, heredado de esta historia milenaria, que nos hace levantar las cejas con incredulidad cuando se nos dice que para ganar la vida hay que perderla. A menudo somos mucho más esclavos de esta herencia, tan remota y a la vez tan actual, de lo que quisiéramos admitir.

Ser desprendidos nos cuesta, también, porque nos creemos más pobres de lo que somos. Y porque pensamos que estamos más solos de lo que estamos. Y porque nos hemos creído la cantinela de que somos lo que tenemos. Y porque con demasiada ligereza damos por bueno un sentido exagerado de la propiedad que, en vez de liberarnos, nos esclaviza. Veamos, con cierto detenimiento, cada una de estas afirmaciones.

La generosidad nos cuesta porque pensamos que somos más pobres de lo que somos

A veces, el peor enemigo del desprendimiento es la convicción de que no tenemos nada para dar. Nos miramos en el espejo y permitimos que el peso de nuestras carencias lo ocupe todo, y nos impida ver que, si bien las penurias pueden ser muy ciertas, también lo son nuestros talentos, nuestras habilidades, nuestra creatividad, nuestra ilusión... y una larga lista de bienes que, si los reconociéramos, podríamos ponerlos al servicio de los demás.

En un mundo que se preocupa con razón por las víctimas de tantas injusticias, de la violencia y los abusos de todo tipo, es de vital importancia esquivar la seducción del victimismo. Es vital dar un *sí* rotundo a la denuncia de la desigualdad, y ponernos siempre del lado de las víctimas... pero hay que ayudarlas, también, para que no queden atrapadas en el callejón sin salida del definirse a sí mismas a partir de su experiencia de exclusión, de marginación o de haber padecido afrentas e insultos. Lo esencial es que la herida sane, para que la persona pueda reconocerse digna y plena otra vez, poseedora de bienes y riquezas con los que puede enriquecer a otros.

La generosidad nos parece una quimera irrealizable cuando dejamos que alguien nos convenza de que no valemos nada. Si logran persuadirme de mi pobreza, mi reacción natural será proteger con uñas y dientes los pocos bienes que creo tener; darlos alegremente, y dilapidar mis menguadas posesiones, se me antojará, entonces, como una imprudencia suicida.

La generosidad nos cuesta porque pensamos que estamos más solos de lo que estamos

Una paradoja de nuestro tiempo, señalada por muchos, es que en la era de la hiperconectividad cada vez hay más gente que se siente sola. Poseemos los medios para estar más intercomunicados que nunca, y, no obstante, es frecuente que estos mismos medios contribuyan a aislarnos de los demás: decimos que «nos conectamos» a las redes sociales[1], pero en la práctica nos encerramos en ellas y nos *desconectamos* de la vida real de los demás, aquella que requiere diálogo de tú a tú, presencia física, escucha atenta...

Como resultado, en muchas personas crece la sensación de soledad. El uso y abuso de las nuevas tecnologías y el ritmo frenético en el que vivimos no ayudan a que sepamos relacionarnos mejor con quienes nos rodean. Y, si aumenta el aislamiento y se debilitan los vínculos con los demás, disminuye nuestra comprensión de sus necesidades y carencias, con lo cual disminuye también nuestro interés por tratar de subsanarlas. Cuanto más aislados estemos menos generosos seremos, por la sencilla razón de que desconoceremos las tribulaciones y dramas de los demás. O los conoceremos, pero no

---

[1] Y las redes nos *atrapan*. Cuando nos referimos a ellas solemos pensar, en positivo, en la inmensa plataforma de interconectividad e información que nos ofrecen... tal vez sin caer en la cuenta de que en las redes digitales algo queda del sentido primitivo de la palabra *red,* y que también estas, como cualquier otra red, están hechas para cazar y capturar todo lo que puedan.

nos interpelarán. En este sentido, es dramático comprobar cómo nos vamos acostumbrando a consumir *información* en busca de *entretenimiento,* y poco más. Leemos las últimas noticias acerca de una guerra, una hambruna, un terremoto, una sequía o una violación con el mismo espíritu con el que seguimos una serie de Netflix, minimizando el hecho de que las víctimas de estas tragedias no son personajes de ficción, sino personas de carne y hueso. Lo sabemos, por supuesto, pero el estímulo que buscamos al seguir estas noticias en las redes se parece peligrosamente al que nos proporciona la serie. Entonces, convertidas en puro entretenimiento, las noticias ya no nos mueven a la solidaridad. La convicción individualista de que cada cual vive en su mundo, y de que el destino de los demás no me compete, apaga la llama de la generosidad.

La realidad, por supuesto, es que *no* estamos solos, sino todo lo contrario. Dependemos más que nunca unos de los otros, viajamos todos en la misma barca, y el destino de cualquier persona y pueblo afecta a todos los demás. Entenderlo redundaría en una mayor toma de conciencia de la imperiosa necesidad de ser un poco más generosos.

La generosidad nos cuesta porque nos hemos creído la cantinela de que somos lo que tenemos

El paradigma del rendimiento económico lo invade todo, hasta el punto de que muchas personas terminan convenciéndose de que el único modo que existe para calibrar su valía personal es contar el dinero que atesoran en el banco. Asimilan su éxito –que, por supuesto, podría considerarse desde una enorme variedad de ángulos– a su fortuna. Se han creído la cantinela, tan propia del capitalismo, de que *son lo que tienen*. Desde esta perspectiva, el desprendimiento se hace muy cuesta arriba, porque, para quienes viven persuadidos de que su identidad depende de sus tesoros, dar de lo suyo equivale a poner en riesgo su misma integridad.

Una comprensión más adecuada de los fundamentos de la propia identidad, en la que los bienes materiales ya no fuesen aquello que nos definiera, nos ayudaría a asumir de forma más natural, y sin tantas reticencias, que muchas veces lo mejor que podemos hacer con las riquezas que hemos acumulado es dárselas a quienes sufren más escasez que nosotros.

La generosidad nos cuesta porque nos creemos dueños de aquello de lo que solo somos custodios

El mismo paradigma económico que nos lleva a identificar nuestra identidad con nuestras posesiones materiales nos empuja a desarrollar una relación equívoca que estas posesiones, que pasamos a considerar mucho más nuestras de lo que realmente son. La propiedad privada se convierte en una verdad intocable, en un axioma que no admite cuestionamientos. Nos creemos dueños y señores del dinero que hemos ganado —así como de nuestro tiempo, de nuestras energías, de nuestra inteligencia...–. Ignoramos, porque nos conviene, que la fe nos invita a matizar el dogma de la propiedad privada, y a considerar que todo lo que tenemos, incluido lo material, es un don de Dios, más que el resultado de nuestros esfuerzos... y que Dios nos lo ha dado para nuestro disfrute personal, sí, pero también para que con ello contribuyamos al bien común.

La peor consecuencia de creer que somos lo que tenemos, y de creer, a la vez, que lo que tenemos es absolutamente nuestro, sin matices, es que terminamos esclavizados por nuestros bienes: en vez de verlos como herramientas y como medios para avanzar en nuestro crecimiento humano personal, terminamos considerándolos como un fin en sí mismos, nuestra razón de ser, el dios que adoramos, por quien vale la pena sacrificarlo todo. Y, cegados por nuestro nuevo dios, que nos observa desde la cuenta bancaria, nos olvidamos del Evangelio del desprendimiento. Ya lo dijo Jesús, con su elocuencia habitual: «No se puede servir a Dios y al dinero» (Lc 16,13).

Cada uno de estos frenos a la generosidad lleva implícito, en su misma formulación, su remedio. Así, ante la magnificación de nuestras carencias, es importante caer en la cuenta de lo mucho que tenemos para dar, y descubrir, sin vanidad –pero también sin falsas modestias–, los talentos de cada uno. Se trata de mirarnos en el espejo y reconocer aquello para lo que valemos, desde la convicción de que, si bien es cierto que nadie sirve para todo, también es cierto que todos servimos para algo. Por otro lado, es probable que todos tengamos motivos para considerarnos víctimas de alguna injusticia o de alguna exclusión. Sin negarlo, y asegurándonos de que nadie pisotea nuestra dignidad, es esencial resistir la dulce tentación de instalarnos en el papel de la víctima, desde el cual sería fácil que se nos olvidara lo mucho que tenemos para brindar a otros.

Ante la sensación de aislamiento y soledad que a menudo nos embarga, exacerbada por un ritmo de vida frenético que muchas veces entorpece la posibilidad de cultivar las relaciones de amistad profunda, es necesario comprender que muy pocas cosas –si es que hay alguna– son más importantes que ir tejiendo, con paciencia y dedicación, una red de relaciones humanas sólidas, de auténticas amistades. Por muy útil que resulte la tecnología para facilitarnos ciertos aspectos prácticos de la vida, es esencial redescubrir el arte de conversar cara a cara con la gente que queremos, con sosiego y sin distracciones, re-aprender –si es que se nos ha olvidado– el arte de escucharnos, de estar juntos, de compartir celebraciones, confidencias y también silencios, el arte de estar plenamente presentes ante la experiencia del amigo, del hermano. En la medida en que dejemos de sentirnos aislados, en la medida en que nos demos cuenta de que estamos profundamente conectados con el caminar de otras personas, caeremos en la cuenta del goce que se esconde en el gesto de dar algo tuyo para alegrar la vida de los que amas.

Ante la pobreza de identificarnos con lo que tenemos, es fundamental comprender que nuestra identidad va mil veces más allá de los bienes que produzcamos y poseamos.

Ante la idea de que somos dueños y señores de nuestro tiempo, energías, inteligencia, talentos y dinero, es vital desarrollar una reflexión más matizada acerca de la propiedad, en la que entendamos que lo nuestro también es de los demás: son bienes que Dios y la vida nos han regalado para que los pongamos al servicio del bien común.

Para resumirlo en una frase: la verdad es que tenemos mucho más de lo que a veces pensamos; que nos estamos tan solos como creíamos; que somos más, muchísimo más, de lo que poseemos, y que, en realidad, lo que decimos que poseemos no es tan nuestro como pensábamos.

La fe, naturalmente, ayuda a todo ello, pues, cuando entiendes que eres infinitamente querido por Dios descubres que este bien es tu mayor posesión, y lo único que necesitas. Y que, además, esto no podrá quitártelo nadie. Desde esta certeza es mucho más fácil vivir el desprendimiento.

CAPÍTULO 4

La asimetría fundamental

El aprendizaje para llegar ser personas verdaderamente generosas incluye una asignatura con la que hoy mucha gente tiene serias dificultades: saber *recibir*. Prisioneros del espejismo de la autosuficiencia, y convencidos de que es mejor no depender de nadie para nada, a menudo nos cuesta aceptar con alegría y naturalidad lo que los demás nos brindan. Nuestro ego, ridículamente hinchado, protesta ante la evidencia de que la vida nos viene de los demás, y desearía con todas sus fuerzas que no fuese así.

Es la intuición que expresan Jean-Daniel Causse y Élian Cuvillier en un pasaje de su *Viaje a través del cristianismo,* cuando afirman que, en el plano teológico, «el pecado original es esa manera de rechazar que lo que nos hace vivir venga de otro. Es querer vivir para nosotros mismos, gracias a nosotros mismos»[1]. El pecado original no es otra cosa que este anhelo absurdo de ser autosuficientes en todo: quisiéramos ser los autores de nuestras mismas vidas, para subrayar nuestro protagonismo y, a la vez, huir de la incómoda impresión de que nacemos con una deuda.

En el fondo, *nuestras resistencias a recibir siempre son resistencias a dar:* intuimos, tal vez inconscientemente, que abrir las manos para acoger sin reticencias lo que los demás nos regalan nos compromete a nosotros a dar, en el futuro, a otros. Y es verdad, la vida es un intercambio constante, en el que a veces nos toca recibir y otras nos toca dar. Lo que no es verdad es que recibir vaya en detrimento de nuestra dignidad o de nuestra libertad, como a veces, oscuramente, sospechamos. Puede que haya menos dicha en recibir que en dar... pero eso no significa que no tengamos que aprender, también, a recibir con agradecimiento lo que los demás quieran brindarnos.

Nos cuesta recibir –ya sea ayuda material, o consejos, o empatía, o acogida o, incluso, cariño...– porque de algún modo hemos desarro-

---

[1] J.-D. Causse-É. Cuvillier, *Viaje a través del cristianismo. Exégesis, antropología, psicología,* Sal Terrae, Maliaño 2015, 111. Luego añaden, a modo de ilustración, que Lutero denominaba al hombre pecador *homo incurvatus in se,* el ser encorvado, acurrucado sobre sí mismo.

llado la idea, equivocada, de que la ayuda que otros nos ofrecen *nos empequeñece,* y que, por tanto, lo ideal sería no tenerle que pedir nunca nada a nadie. Esta lectura de la realidad es un espejismo: nadie vive ni sobrevive sin los demás. El sueño del hombre o la mujer hechos a sí mismos, tan típico del mundo de la empresa y los negocios, en la vida no es ni posible ni deseable. No es posible, porque todos somos el resultado de las acciones, decisiones e influencia de otras personas. Y no es deseable, porque, en el caso de ser posible, un individuo tan independiente que no tuviese vínculos con nadie sería un ser humano aburridísimo y patético, de una pobreza interior extraordinaria y, con toda probabilidad, un petulante insufrible.

Jesús dijo en una ocasión que «nada de lo que de afuera entra en el hombre le puede contaminar» (Mc 7,18), enfatizando así su rechazo a las leyes de pureza alimentaria, y advirtiendo que culpar a lo externo de nuestros males puede ser una forma facilona de eximirnos de hacer un examen sincero de nuestra realidad interior, que es donde mora y se desarrolla aquello que de verdad nos puede arruinar. Podríamos añadir: no solo es cierto que nada de fuera nos daña... es que, además, *sin* lo que recibimos de fuera, la vida es imposible. Recibir no es un mal menor que haya que aceptar a regañadientes, o que deberíamos tratar de minimizar. Es nuestra condición.

La mejor forma de combatir nuestras resistencias a recibir es caer en la cuenta de lo que podríamos llamar la *asimetría fundamental,* y que consiste en entender que, de hecho, jamás podremos dar a los demás ni siquiera una ínfima porción de lo que hemos recibido. La ecuación entre lo que podremos dar a otros a lo largo de nuestra vida y lo que otros nos han dado ya está resuelta, de forma inequívoca y definitiva, desde el día de nuestro nacimiento, en favor de lo que hemos recibido. Es absurdo pretender equilibrar los brazos de una balanza que, por muy generosos que lleguemos a ser, jamás podremos compensar. Hay, entre lo que puedas dar y lo que te han dado, una asimetría abismal.

Para empezar, nuestros padres nos dieron la existencia: el mayor bien de todos es un regalo respecto al que no hicimos absolutamente nada para merecerlo. Pero es que, además, nacemos en una sociedad y en una cultura que son el resultado de miles de generaciones de antepasados de cuyos desvelos, esfuerzos, sufrimientos y aciertos de los que nosotros nos beneficiamos desde el instante en que abrimos los ojos. Nos enseñan un lenguaje que tardó siglos en forjarse, unas palabras y una escritura que desde que empezamos a despertar a la conciencia nos ayudan a nombrar las cosas, a estructurar un pensamiento, a situarnos en el mundo. Disfrutamos de una tecnología que ha costado milenios desarrollar, desde el día remoto en que un homínido sin nombre se atrevió a coger con sus manos torpes un palo del suelo para alcanzar una fruta que colgaba de lo alto de una rama, hasta la Inteligencia Artificial de hoy: recogemos sin pestañear los resultados de una historia de ingenio y esfuerzo que el mundo nos sirve en bandeja. Desde que comenzamos a movernos por el mundo descubrimos, asombrados, expresiones artísticas de personas que jamás conoceremos, pero cuyas obras enriquecen enormemente nuestra existencia: de Bach a los Beatles, de la Biblia a Homero, de Shakespeare a Tolstoi, de Velázquez a Picasso, el mundo nos regala un océano infinito de obras musicales, literarias, pictóricas y escultóricas que nos conmueven y en las que descubrimos un eco de nuestra propia experiencia. Por otro lado, a pesar de que en el mundo sigan existiendo enormes injusticias y desigualdades socioeconómicas, quien nazca en el año 2024 en muchos países del planeta –no en todos, por desgracia– goza de unas libertades democráticas, unos derechos civiles y un respeto a su dignidad que durante siglos fueron una quimera y que otros forjaron a base de luchas durísimas y enormes sacrificios.

Asumir con sencillez y agradecimiento esta asimetría fundamental nos puede ayudar a dejar atrás, de una vez por todas, el espejismo del hombre o la mujer hechos a sí mismos. Reconocer sin complejos que somos el resultado de la huella de miles de personas que vivieron antes de nosotros conlleva la aceptación de que ser *receptores* del ingenio, los desvelos y las luchas ajenas forma parte de nuestra misma identidad y es consustancial a nuestra existencia. Se trata de entender que sin todo lo recibido de otros y sin los tesoros incontables que la sociedad nos regala desde el momento en que nacemos, poniendo a nuestra disposición un lenguaje y una cultura, y la posibilidad de bucear en las aguas vastísimas de la tradición que nos precede, quizá es cierto que tendríamos menos personas a quienes agradecer algo y que entonces podríamos sentirnos menos ligados a la experiencia de otros; pero seríamos unos simios mudos, desnudos y obtusos colgados de un árbol, acaso curiosos, pero irremediablemente necios.

Por otro lado, asumir con sencillez la asimetría fundamental también puede contribuir a que, cuando demos algo a los demás, nuestra generosidad no sea motivo de un orgullo tan ridículo como infundado. ¿Cómo puedo creer que soy un héroe o un santo por haberle tendido una mano a un necesitado, si soy plenamente consciente de que, antes, yo he recibido muchísimo más –infinitamente más– de otras personas? La asimetría fundamental convierte cualquier atisbo de orgullo personal, cualquier intento de alardear de «mis» éxitos, «mis» logros, «mis» méritos, en el espectáculo risible de un ciego que hace gala de su extraordinaria visión. La asimetría fundamental, en definitiva, nos vacuna en contra de la vanidad de quien pasea por la vida creyendo que no tiene que agradecer nada a nadie, y también de la vanidad que, a veces, podrían engendrar nuestros propios actos de generosidad.

Cómodos en nuestra condición de receptores, a gusto en el acto de recibir, podremos, por fin, empezar a dar.

CAPÍTULO 5

Generosidad
y desprendimiento

Los términos *generosidad* y *desprendimiento* se usan a veces de forma indistinta, como si fuesen sinónimos. Sin embargo, cada uno aporta un matiz y una connotación particular a la realidad a la que se refieren, y quizá no esté de más, antes de continuar, detenernos brevemente en estos énfasis diversos.

Por decirlo de forma muy concisa: el desprendimiento es lo que sucede en nuestro interior; la generosidad, lo que practicamos con otros. El desprendimiento ocurre *ad intra,* la generosidad *ad extra*. El desprendimiento tiene que ver con nuestra interioridad; la generosidad, con la relación que establecemos con los demás.

En este sentido, primero está el desprendimiento y luego viene la generosidad. Aquel es la causa, esta es el efecto. Una persona es generosa con los demás porque tiene un espíritu desprendido; da con esplendidez de sus bienes porque ha aprendido a no aferrarse a ellos.

El desprendimiento es un proceso gradual. Lo más natural es empezar por practicar el desapego de nuestras posesiones materiales: comprender que a veces otorgamos una importancia exagerada a los objetos que nos rodean y al dinero que nos permite adquirirlos. Luego, progresivamente, quien quiera andar por la senda del desprendimiento se planteará el reto de ir trabajando la capacidad de no aferrarse a riquezas más íntimas e intangibles, que suelen ser mucho más arduas de soltar —sin querer decir, con eso, que desapegarse de lo material sea fácil—: por ejemplo, el deseo de tener razón; el deseo de protagonismo; el anhelo de proteger el buen nombre y de poder mostrar al mundo una biografía impoluta, exenta de errores o de episodios vergonzosos; la pretensión de poseer a otras personas o el anhelo de que aquellos a quien uno ama piensen, se comporten y le traten como a uno le gustaría que lo hicieran.

A cada nivel de desprendimiento se corresponderá un nuevo nivel de generosidad.

El camino del desprendimiento es el proceso mediante el que nos vamos desencantando de la felicidad hueca que nos proporciona el hecho de sentirnos dueños de cosas y personas para ir concentrándonos en lo esencial de la vida, que nunca es posesión, sino entrega. La senda del desprendimiento implica descubrir que dominar siempre nos encadena, mientras que servir nos libera. Quien participa en la lógica de la dominación —de bienes y de gente— a menudo termina poseído por sus tesoros y por sus afectos. Su mismo deseo de acumular riqueza y de someter a los demás empobrece su experiencia humana. Su obsesión por proteger lo que ha conseguido amasar —sea oro o relaciones de supuesta amistad— se convierte en motivo de desazón, y muy pronto descubre que ya no disfruta de sus bienes, sino que sufre por el miedo a perderlos.

En cambio, quienes habiendo logrado vivir con menos apegos se dejan ir por el camino de la generosidad descubren la inmensa libertad y alegría que hay en el reconocimiento de que sus vidas están siendo útiles para otra gente. La dicha de dar se concreta, entonces, en la certeza de que nuestros días y energías están contribuyendo al bien común, de que no somos seres mezquinos, autorreferenciales, doblegados sobre nosotros mismos, sino personas abiertas a la realidad ajena, dispuestas a beber de ella y también a enriquecerla, siempre que sea posible, con nuestra propia experiencia.

La persona verdaderamente generosa nunca hace alarde de su generosidad. Y no por falsa modestia, sino porque no busca ni necesita el aplauso ni el reconocimiento de nadie. En el mismo ejercicio de la generosidad encuentra la satisfacción que otros hallan en los aplausos. Para ella, la dicha nace de saber que está contribuyendo al bienestar de sus hermanos.

La práctica continuada de la generosidad nos lleva a comprender que, sin una mirada hacia los demás, la existencia se convierte en un infierno. Sartre, en este sentido, estaba equivocado: para la inmensa mayoría de las personas el infierno no son los otros, sino la soledad insoportable que nos oprime cuando descubrimos que no hay nadie en nuestra vida y que somos un islote perdido en medio del mar, sin barcos a la vista.

Podríamos ser desprendidos –y, en consecuencia, generosos– de forma inocente e ingenua, como un niño, que aún no ha desarrollado ningún sentido de la propiedad y que regala lo suyo porque todavía no ha sufrido ninguna clase de escasez... o serlo como resultado de una reflexión que nos haya enseñado que la generosidad es mejor que el egoísmo. A la mayoría de los adultos, que hemos experimentado la escasez en una o en muchas de sus múltiples dimensiones, nos está vedada la primera forma de desprendimiento. Para ser generosos no nos queda otro camino que el de la reflexión; por tanto, *pensar la generosidad* y razonar por qué es fuente de dicha, como asegura el evangelio, se convertirá en una de las tareas más importantes de nuestro itinerario vital. Sabiendo de antemano, eso sí, que todo, o casi todo, apunta en la dirección contraria, y que nunca faltarán voces que quieran convencernos de las virtudes del egoísmo –disfrazándolo, por supuesto, y cambiándole el nombre: lo llamarán *autonomía, independencia* o *libertad*–. Las leyes de la economía –con su insistencia en que no hay nada que no tenga precio y en la sacralización de la propiedad privada– impregnan hasta tal punto todas las dimensiones de la cultura que para mucha gente la mera idea de buscarle sentido al desprendimiento puede sonar como un solemne disparate. De hecho, aquellos que quieran vivir a fondo y radicalmente el mensaje de Jesús, tarde o temprano tendrán que enfrentarse con la cuestión, tal vez incómoda, de la incompatibilidad que existe entre el Evangelio y muchos de los dogmas indiscutidos de nuestra sociedad capitalista. Más tarde regresaré sobre ello.

CAPÍTULO 6

El arte de la generosidad: estaciones de un itinerario

Nadie nace enseñado en el arte de dar. Por mucho que nuestra fe nos invite al desprendimiento, esta invitación choca con unas resistencias atávicas, instintivas, profundamente arraigadas en lo más hondo de nuestro ser, que solo pueden vencerse con paciencia y a base de practicar la generosidad todos los días e ir descubriendo la dicha que se esconde en ella. Tratemos de dibujar un posible itinerario de la persona generosa. Digo *un* y no *el* itinerario, porque las etapas, estaciones o dimensiones que aquí apuntaré no son las únicas que existen, ni son las mismas para todo el mundo. Se podrían señalar otras. Además, las que aquí enumero no tienen por qué vivirse en este orden: las circunstancias y el día a día nos irán empujando hacia una u otra vivencia de la generosidad. Lo importante es estar dispuestos a transitar por todas ellas, tantas veces como haga falta, para ir convirtiéndonos en expertos –¡ojalá fuera así!– en el hermoso arte de dar.

Dar lo material

Tal vez no sea lo más importante, ni lo más difícil. Y, sin embargo, ante las abismales desigualdades económicas que existen en el mundo, aquel que tenga un poco más, en términos de riqueza material, tendrá que plantearse muy seriamente si no podría desprenderse de parte de su fortuna para auxiliar a los más pobres. La cuestión estriba en *cómo* dar este dinero, esta comida, esta ropa, estos zapatos, estos muebles que ofrecemos a quien los necesita. Con qué actitud damos nuestros bienes, y cómo entendemos el sentido de esta generosidad.

No se trata, evidentemente, de practicar el cínico ejercicio de dar lo que ya no nos sirve –esa camisa vieja y desgastada, aquel mueble que cojea, la nevera que ya no enfría– ni de querer sentirnos satisfechos porque hicimos una meritoria obra de caridad. Si algo no te sirve a ti, tampoco servirá para otro.

Lo esencial es comprender que, cuando damos algo de nuestras posesiones materiales a quien pasa necesidad, estamos realizando un acto de justicia elemental. Nadie lo dijo mejor que los Padres de la Iglesia, que tenían muy claro que cuando los ricos comparten sus bienes con los pobres están reestableciendo un orden, querido por Dios, que la injusticia humana había quebrado. Bastarán dos o tres citas bien conocidas para recordarlo. San Ambrosio, por ejemplo, afirma con contundencia:

No le das al pobre de lo tuyo, sino que le devuelves de lo suyo. Pues lo que es común y ha sido dado para uso de todos, lo usurpas tú solo[1].

O Basilio Magno:

¿A quién, dices, hago agravio reteniendo lo que es mío? ¿Y qué cosas, dime, son tuyas? ¿Las tomaste de alguna parte y te viniste con ellas a la vida? Es como si uno, por ocupar primero un asiento en el teatro, echara luego afuera a los que entran, haciendo cosa propia lo que está allí para uso común. Tales son los ricos. Por haberse apoderado primero de lo que es común, se lo apropian a título de ocupación primera. Si cada uno tomara lo que cubre su necesidad y dejara lo superfluo para los necesi-

---

[1] Citado en R. Sierra Bravo, *Diccionario social de los Padres de la Iglesia,* n. 152, Edibesa, Madrid 1997, 71.

tados, nadie sería rico, pero nadie sería tampoco pobre [...]. ¿Quién es avaro? El que no se contenta con las cosas necesarias. ¿Quién es ladrón? El que quita lo suyo a los otros. ¿Conque no eres tú avaro, no eres tú *ladrón,* cuando te apropias lo que recibiste a título de administración? ¿Conque hay que llamar ladrón al que desnuda al que va vestido, y habrá que dar otro nombre al que no viste a un desnudo, si puede hacerlo? Del hambriento es el pan que tú retienes; del que va desnudo es el manto que tú guardas en tus arcas; del descalzo, el calzado que en tu casa se pudre[2].

San Jerónimo, con su habitual desdén por la diplomacia, afirma sin ambages que «el rico, o es ladrón o hijo de ladrón»[3].

Por otro lado, cuando damos lo material nos vamos liberando del engaño de pensar que el dinero y las propiedades son un refugio sólido y probado, y vamos descubriendo que la supuesta seguridad que nos ofrecen es frágil, pasajera e insuficiente («No os hagáis tesoros en la tierra, donde la polilla y el orín corrompen, y donde ladrones minan y hurtan», advierte Jesús en Mt 6,19), y que palidecen en compa-

---

[2] *Ib.,* n. 393, 172 y n. 797, 338.
[3] En la *Carta a Hedibia,* n. 1. *Cartas de san Jerónimo* (edición de Daniel Ruiz Bueno, vol. II, BAC, Madrid 1962, 448).

ración con otras seguridades, menos evidentes, pero mucho más firmes: las amistades de toda la vida, la satisfacción de haber andado un itinerario vital coherente y fructífero o, para los creyentes, la certeza de que estamos en manos de un Dios que vive enamorado de nosotros y que nunca nos olvida.

Hay otro elemento que nos empuja a reconsiderar nuestra relación con los recursos materiales: la crisis climática a la que nos enfrentamos, que nos pide que aprendamos a vivir de otra manera, si en verdad queremos garantizar un futuro vivible en el planeta: gastando menos, consumiendo menor cantidad de energía, reutilizando lo que hoy consideramos desechable, compartiendo... Dar lo material es un buen modo de empezar a practicar la austeridad compartida que exige la amenaza provocada por el calentamiento global. Más tarde regresaré sobre este asunto.

Dar nuestro tiempo

Un rasgo típico de nuestro siglo es el ajetreo constante en que muchos hemos convertido nuestros días. Vivimos al compás de agendas apretadas y horarios agotadores, tratando de aprender a hacer varias cosas a la vez porque el tiempo no nos alcanza. En esta civilización nuestra del rendimiento –tan alejada de los ritmos más lentos de la naturaleza–, donde nos parece que una hora improductiva es una hora perdida –porque tenemos muy claro que «el tiempo es oro»–, aprender a dar nuestro tiempo a los demás puede ser un auténtico reto. Para muchos, en efecto, enviar un cheque a una ONG será más factible que dedicar una tarde a la semana a realizar un voluntariado, o que ir a pasar un rato con un amigo.

Y, no obstante, hay infinidad de situaciones en las que lo único que los otros quieren de ti es precisamente tu tiempo: un enfermo, un encarcelado o una persona que se siente sola no necesitan tu dinero, sino tenerte a su lado, saber que cuentan contigo, disfrutar de tu compañía... sin que estés mirando el reloj a cada instante, presuroso por salir corriendo hacia tu siguiente actividad.

Pocas cosas hablan con tanta claridad de quién somos y de qué valores guían realmente nuestras vidas como el uso que hacemos del tiempo. Puedo convencerme a mí mismo de que soy muy servicial; sin embargo, si al terminar un día, una semana o un mes miro atrás y descubro que a lo largo de dicho periodo no he tenido tiempo para nadie, tendré que admitir que tal vez no soy tan generoso como pensaba. Si quiero conocerme y descubrir qué valoro y a qué doy prioridad, basta con que repase la agenda de las últimas semanas: suele ser una radiografía bastante exacta de mis auténticos intereses.

Dar atención y escucha

A nadie nos gusta notar que, cuando estamos contando algo que para nosotros es importante, los demás no nos prestan la debida atención. A su vez, pocas cosas pueden ayudarnos tanto a sentirnos acompañados y valorados como la percepción de que alguien nos escucha con interés, intentando comprendernos. Hay personas que escuchan de maravilla: en su mirada, en su postura y en sus gestos descubres que no quieren perderse nada de lo que les dices.

Saber escuchar es esencial, y más en nuestro tiempo, en el que las distracciones son tantas y tan potentes. Vivimos asediados por un sinfín de dispositivos y medios cuya principal misión, a veces, pareciera ser lograr que perdamos definitivamente la capacidad de escucha y de prestarnos atención los unos a los otros. La imagen de alguien hablando a otra persona que, mientras tanto, tiene la mirada pendiente de la pantalla de su móvil podría sintetizar lo peor de nuestra época. «Te escucho, te escucho», tal vez dirá el oyente, si el otro, irritado, le reclama que deje el teléfono. Sin embargo, no es cierto. La verdadera escucha exige una atención plena. Porque es obvio que escuchar a alguien va más allá de comprender su discurso y oír sus palabras. También consiste en escuchar sus silencios –caer en la cuenta de lo que calla o evita mencionar–, en escuchar el lenguaje de su cuerpo y en percibir, entre líneas, las emociones, los miedos, los anhelos, las dudas, los resentimientos y las esperanzas que te quiere comunicar. No puedes hacer nada de esto mientras contestas a un *whatsapp* o repasas lo último que ha publicado no sé quién en Instagram o en su muro de Facebook.

En medio del ajetreo permanente característico de nuestra cultura contemporánea, dar atención y escucha a los demás es una dimensión valiosísima de la generosidad. También es afirmar que las experiencias ajenas nos enriquecen, y que rechazamos el principio insolidario y empobrecedor de que, en esta vida, lo mejor es que cada cual aguante su vela.

Desde una perspectiva espiritual, saber escuchar es clave, porque quien no escucha a sus hermanos y a las personas que tiene a su alrededor tampoco escuchará a Dios. Hay, en la Tradición, algunas llamadas memorables a la escucha: bastará recordar el *Shemá,* Israel, oración fundamental de los judíos, o el conocido inicio de la regla de san Benito: «Escucha, hijo, estos preceptos de un maestro, aguza el oído de tu corazón...».

Los cristianos creemos en un Dios que, para respetar nuestra libertad, ha querido situarse en segundo plano, y cuya presencia en el mundo es discreta y sutil. Un Dios, por tanto, que no nos habla a gritos o mediante apariciones prodigiosas ni grandes milagros, sino, sobre todo, a través de los demás. Ignorarlos –y en especial ignorar el clamor de los que sufren, de los excluidos, de los más pobres y abandonados– equivale a ignorarlo a Él.

Dar empatía y solidaridad

De un modo u otro, todos buscamos empatía: nos satisface encontrar personas que nos entiendan, que comprendan nuestra intimidad, que puedan participar de nuestra interioridad sin juzgarnos y que sean capaces de sentir nuestro dolor.

Dar a otros esta empatía que deseas para ti también es una forma de generosidad.

Sin personas capaces de regalar empatía es imposible construir comunidad; esta –ya sea una familia, un círculo de amigos, una agrupación religiosa o una asociación de cualquier clase– se sustenta sobre la disponibilidad de sus miembros para comprenderse entre sí, de ponerse unos en la piel de los otros. En este sentido, una forma cruel de egoísmo es la incapacidad que a veces mostramos de mirar la vida desde los ojos ajenos. El mundo se va convirtiendo en un lugar más inhóspito cuando dejamos de conmovernos con el dolor de los demás, cuando su felicidad no nos alegra y sus penas no nos duelen.

La empatía que podemos ofrecer a alguien que sufre se quedaría a medio camino si no nos llevase a darle, también, nuestra solidaridad. No basta con comprender y sentir el dolor ajeno: también es importante trabajar activamente para aliviarlo, tal vez combatiendo las causas que lo provocan. Hacer nuestra, solidariamente, la lucha de los más desfavorecidos es otra forma esencial de la generosidad.

Dar perdón

Si en esta vida hay algo que jamás puede comprarse y que, para ser verdadero, debe ser regalado y entregado sin condiciones, es el perdón[4]. Un perdón condicionado, un perdón vendido o prestado, no es perdón.

Perdonar *siempre* es un acto de generosidad. Nos desprendemos del rencor y del deseo de venganza, nos desprendemos también del dulce y engañoso placer de relamernos las heridas, para trabajar hacia una posible reconciliación con aquellos que nos han herido: pura generosidad.

Podríamos preguntarnos qué dicha hay en perdonar. ¿Ganamos algo, perdonando a quienes nos han ofendido? ¿Por qué tendría que ser mejor perdonar que buscar revancha? Habría varias respuestas.

En primer lugar, porque perdonar es, antes que nada, una condición imprescindible para la convivencia. Vivir y trabajar con otras personas implica que tarde o temprano haya roces y conflictos. Es imposible que no los haya: por mucho que nos queramos, nuestros temperamentos distintos, nuestras obsesiones –tan personales, tan peculiares a veces–, nuestros anhelos y nuestras diferentes escalas de valores terminarán causando, inevitablemente, choques y tensiones.

---

[4] Como ya indica la misma etimología del verbo *perdonar,* que viene del prefijo latín *per* (completamente, total) y *donare* (regalar): «dar completamente».

Si permitimos que los resentimientos causados por estos conflictos se vayan acumulando y nos vayan envenenando el corazón, llegará un momento en que la convivencia será inviable. Quien nunca perdona termina solo.

Perdonar también es la condición para poder seguir adelante. El resentimiento nos frena, nos ata al agravio recibido y nos impide avanzar. Es como una pesada cadena que nos mantiene atados al pasado y nos imposibilita pensar en nada más. Regresamos una y mil veces a lo que sucedió, dándole una y otra vuelta, y esa dinámica opresiva nos impide pensar en proyectos de futuro. Perdonar es, entonces, la condición misma para la felicidad: ningún resentido es feliz. El rencor nos amarga. Perdonar setenta veces siete, como dice Jesús –es decir, siempre, convirtiendo el perdón en una actitud permanente– es un modo más de buscar la felicidad.

Desde la fe entendemos, además, que si perdonamos es porque antes Dios nos ha perdonado. Y que si todos hemos sido, algún día, víctimas de las ofensas de otros, también todos algún día fuimos verdugos y ofendimos a los hermanos... y, no obstante, Dios decidió no tenernos en cuenta nuestro mal.

Dar perdón no es olvidarnos de la justicia, ni afirmar que no hubo ofensa, ni aplaudir el daño hecho. Es reconocer que sí, que en verdad hubo maldad, daño y ofensa, y que nunca deberían de repetirse... pero es empezar a mirar todo eso de otra manera. Es decidir que no vamos a permitir que la herida que nos infligieron determine nuestra vida de aquí en adelante. Dar perdón aumenta nuestra dicha porque es la afirmación taxativa de que nos negamos a ser prisioneros del rencor y a perpetuar el odio. Entre otras cosas, porque lo que suele ocurrir cuando *no* perdonamos es que personas inocentes acaban pagando por los culpables: tenemos amarguras, furia e ira en el corazón porque no hemos perdonado, pero tal vez aquellos que nos ofendieron ya no están en nuestra vida, o ni siquiera en el mundo. Sin embargo, como la rabia y el odio tienen que salir por alguna parte, nos desquitamos con el primero que pasa, que no tenía nada que ver con nuestra herida. Dar perdón también es tomar la firme decisión de que nos negamos a participar en esta dinámica malsana, de la que se nutre el odio para sobrevivir.

Dar confianza y libertad

El avaro suele ser desconfiado. Celoso de sus riquezas, tiende a pensar que todo el mundo quiere arrebatárselas, y no es raro que viva en un estado de alerta permanente, tratando de descifrar a toda hora segundas intenciones en el comportamiento de los demás. Por ello, otra estación esencial en el itinerario de la generosidad es aprender a dar confianza. Quien quiera caminar por esta senda deberá aprender a no pensar siempre lo peor del otro, y se negará a vivir instalado en la sospecha.

Porque es cierto que un exceso de confianza, que raye con la ingenuidad y que no contemple la presencia del mal en el mundo puede destruirnos. Por ello, no está de más mantener los ojos abiertos ante la posibilidad de que los demás se quieran aprovechar de nosotros y nos hagan daño. Sin embargo, un exceso de desconfianza puede ser todavía más destructivo: nada rompe más amistades que los recelos infundados. Y nada nos aleja más de la alegría que la suspicacia, el vivir con miedo, el creer que detrás de cada amistad se esconde, inevitablemente, una trampa.

Esta necesidad de ahuyentar la desconfianza se hace especialmente urgente en aquellas situaciones en las que alguien, por las razones que sea, tiene algún tipo de autoridad sobre otra persona. La vida propicia infinidad de contextos en que eso ocurre: los padres educan a sus hijos cómo les parece mejor; a menudo, los hijos adultos deben organizar las vidas de sus padres ya ancianos; a veces, quienes están sanos deben tomar decisiones sobre aspectos de la vida de sus familiares enfermos. Por no hablar de los ámbitos formativos o educativos –la escuela, la universidad, un club deportivo, un conservatorio, un seminario...–, donde unos asumen la responsabilidad de formar a otros en diversos campos del saber o de la vida. En esos contextos, dar confianza, autonomía y libertad a quienes están bajo la propia autoridad puede convertirse, para muchas personas, en una de las formas más exigentes de generosidad. Ahí donde sería tal vez más cómodo imponer el propio criterio y tratar a los demás como súbditos o reclutas, el reto radica en confiar en la capacidad de decisión del otro.

El desafío de los padres de un adolescente deseoso de experimentar su libertad, por ejemplo, consiste en entender que su legítima autoridad nunca debería convertirse en autoritarismo. Y no solo porque el autoritarismo no casa bien con el cariño, sino por una razón más pragmática: a saber, que si bien es cierto que dar mucha libertad y autonomía *puede* terminar mal, es *seguro* que negarlas terminará mal. Del exceso de libertad pueden surgir infinidad de problemas, pero del recorte sistemático de la libertad ajena surgirán, sin lugar a dudas, problemas mayores.

Quien asuma en algún momento la responsabilidad de formar a otros, en el ámbito de la vida que sea, hará muy bien en comprender que ahí tiene, también, un campo para la generosidad: ofreciendo sus buenos oficios para que sus pupilos desarrollen sus propios talentos y hagan su camino, sin pretender en ningún momento moldearlos a su imagen, en un ejercicio de manipulación narcisista que siempre, tarde o temprano, estará destinado al fracaso.

Dar la comodidad... y hasta la buena reputación

Cuando la generosidad se dirige hacia los últimos de la sociedad y a quienes malviven en los márgenes del sistema económico, abandonados en las cunetas de la vida –como el malherido de la parábola del buen samaritano–, su ejercicio a menudo implica la donación de nuestra comodidad. Y, a veces, también exigirá la entrega de nuestro buen nombre.

Implicarse en la vida de las personas sumidas en la marginación, que según el evangelio son los preferidos de Dios –y, por ende, deberían ser los preferidos de los cristianos–, exige abandonar el confort de una vida más desahogada para entrar de lleno en el mundo áspero y duro de la pobreza. Cuando este acercamiento se hace con timidez, a medio gas, puede vestir y quedar bien, y hasta ser motivo de aplauso y admiración por parte de muchos, y no hay nada malo en ello. Pero dar un paso más e involucrarse radicalmente en las vidas de los últimos y tratar de ver la existencia desde sus ojos, comprendiendo a fondo su realidad y luchando por su dignidad, puede poner en riesgo la reputación de quien decida recorrer este camino.

Es lo que ilustra maravillosamente el episodio de Jesús y el leproso que Marcos nos cuenta en el primer capítulo de su evangelio:

Se le acercó un leproso y le suplicó de rodillas: «Si quieres, puedes limpiarme». Conmovido, extendió la mano y lo tocó, diciendo: «Quiero, queda limpio». Al momento se le quitó la lepra y quedó limpio. Él lo despidió, advirtiéndole severamente: «Cuidado con decírselo a nadie. Ve a presentarte al sacerdote y, para que le conste, lleva la ofrenda de tu sanación establecida por Moisés». Pero al salir, él se puso a proclamar y a divulgar el mensaje a más y mejor; en consecuencia, Jesús ya no podía entrar abiertamente en ninguna ciudad. Se quedaba fuera, en despoblado, pero acudían a él de todas partes (Mc 1,40-45).

El leproso encarna a la perfección el destino de todos los excluidos: «El que ha sido declarado enfermo de lepra andará harapiento y despeinado, con la barba tapada, e irá gritando: "¡Impuro, impuro!". Mientras le dure la afección seguirá impuro. *Vivirá apartado y tendrá su morada fuera del campamento*» (Lev 13,45-46). Esta última frase condensa con descarnada franqueza lo que hacen todas las sociedades con aquellos que les molestan y, de un modo u otro, consideran contagiosos y peligrosos para la tribu: apartarlos y condenarlos a vivir en la intemperie.

Conmovido por la situación de exclusión en la que se halla el leproso, Jesús le hace ver que a los ojos de Dios no hay nadie impuro, ni sucio, y se lo demuestra con un gesto potente y arriesgado: *lo toca,* violando la Ley, que establecía la prohibición de acercarse y de tener contacto físico con los leprosos. El hombre recupera la dignidad, entendiendo que Dios no le da la espalda, y en consecuencia queda limpio. Jesús, para protegerse, le suplica que no divulgue lo que ha ocurrido entre ellos dos. El otro no le hace caso y proclama por todas partes que —¡tocándolo!— Jesús lo ha curado. Resultado: ahora es Jesús quien ya no puede entrar en ninguna ciudad, quien carga con él el castigo del leproso, quien deberá morar fuera del campamento: ahora, a causa de su generosidad, Jesús es el excluido.

No estamos ante un cuento antiguo e irrelevante, perteneciente a un mundo ajeno al nuestro, como tal vez se pudiera pensar a primera vista. Aunque hoy no existan leyes de exclusión explícitas tan duras como la que expresa el Levítico respecto a los leprosos, sigue habiendo incontables descartados a los que empujamos fuera del campamento: en muchos contextos, acercarse a ellos, luchar por su dignidad y compartir la vida con ellos —con el drogodependiente, con el encarcelado, con el inmigrante indocumentado o con la prostituta— sigue comportando el riesgo de que tal cercanía manche el buen nombre de quien, con buena fe y generosidad, les tiende la mano: como si algo de su estigma y de su condición vergonzosa manchara y contagiara a todo aquel que los trate.

La generosidad también se demuestra aceptando la pérdida del buen nombre que a veces implica la solidaridad con los excluidos.

Dar (cuando se pueda) claridad y orientación

Estamos experimentando un cambio de época. Sabemos que las certezas de ayer van perdiendo consistencia con rapidez, y aún estamos lejos de saber qué certezas tendremos mañana. El mundo se transforma: el escenario político global es convulso y volátil, las potencias que hasta hace poco garantizaban un cierto orden geopolítico desfallecen y surgen otras potencias nuevas que no se sabe muy bien hacia dónde van, las instituciones que antaño garantizaban una cierta orientación a millones de personas –el Estado, la Iglesia, la universidad...– pierden legitimidad, surgen preguntas sobre los riesgos que conlleva el hecho de adentrarnos por el territorio desconocido que nos ofrecen los avances tecnológicos, en especial –pero no únicamente– respecto a la inteligencia artificial.

Cansadas y hartas de la confusión, es comprensible que cada vez más personas opten por las respuestas simples y libres de matices que les ofrecen los extremos ideológicos, y se refugien en ellos. Crece, por tanto, la polarización –política, social y cultural–, hasta convertirse en otro rasgo típico de nuestro tiempo. El problema, por supuesto, es que la verdad y la razón raramente se encuentran en los extremos. La mayoría de las veces habría que buscarlas en el incómodo territorio intermedio, donde no existen soluciones sencillas y donde todo debe ser pensado y repensado con calma, un territorio complejo, traspasado de claroscuros, de matices, donde a menudo será necesario admitir que «nosotros» –los de mi partido, o nación o credo– no siempre hemos acertado y que a veces «ellos» –los rivales políticos, los extranjeros o los seguidores de otras creencias– tienen propuestas que merecen ser escuchadas.

En este contexto de cambios y confusión, quien pueda dar claridad y aportar algo de luz a los demás, en el campo que sea, deberá hacerlo. Con humildad, por supuesto, sin pretender ser dueño de la verdad, pero es indudable que necesitamos voces lúcidas que, sin histrionismos ni intereses ocultos, orienten al conjunto de la sociedad. Pensadores, analistas, filósofos, profesionales del periodismo, humanistas, artistas, poetas y literatos, líderes espirituales de las diversas religiones… tienen, hoy más que nunca, el deber de contribuir, con sus intuiciones y sabiduría, a la construcción del mundo del mañana, dando claridad, sugiriendo respuestas a las preguntas que planean sobre el mundo.

También en el ámbito cotidiano, una forma de amar es tratar de orientar al familiar, al amigo o al conocido que anda confundido. Y no porque unos sean mejores que otros, o porque unos se hallen mágicamente en posesión de la verdad frente a quienes viven en el desconcierto permanente... sino, sencillamente, porque quien está metido hasta las cejas en una crisis o en un aprieto a menudo carece de la perspectiva que le puede aportar aquel que, desde la distancia, contempla las cosas con mayor objetividad. Orientar y dar claridad a quienes se hallan desconcertados y abrumados por los problemas es un modo importante de ejercer la generosidad. Sabiendo, indudablemente, que hoy puedes aportarle claridad a alguien y mañana él te la dará a ti.

Darse

Dar, en su sentido último, es *darse*.

Ya no se trata de enviar un cheque a una ONG que trabaja con los pobres, o de dedicar algunas horas de tu semana a un voluntariado, de prestar atención a lo que un conocido te explica, o de dar empatía, solidaridad, perdón, confianza, desvelos o claridad a quienes te rodean. Todas estas «estaciones», vividas a conciencia, van generando un estilo de vida, un modo particular de estar en el mundo, que es la forma más alta de la generosidad: la de quien ha entendido que vivir en plenitud es vivir para los demás, y lo pone en práctica a través de mil y un gestos de entrega cotidiana. Es el estilo de vida de quien entiende que *vivir es desvivirse,* por mucho que parezca una paradoja, y que nada nos hará tan felices y dará tanto sentido a nuestros días como la entrega... Una vida replegada sobre uno mismo, en la que no quepa nadie ni importen en absoluto las carencias de los demás, es una vida vacía, abocada a la tristeza que experimentó el hombre rico cuando se alejó de Jesús embargado por la desolación, pues había sido incapaz de poner en práctica la generosidad.

Si es cierto que hay más dicha en dar que en recibir, entonces en la donación constante de uno mismo hacia los demás, en la entrega de nuestras energías y desvelos por el bien de los hermanos y de los que sufren, debe de hallarse la clave para la obtención de la felicidad más completa de cuantas están a nuestro alcance en este mundo. Es el mensaje del Evangelio, que en Jesús de Nazaret nos presenta el modelo de un hombre generoso hasta las últimas consecuencias, capaz a darlo todo por sus amigos.

CAPÍTULO 7

La generosidad, ingrediente imprescindible en el amor

Me resulta muy difícil pensar o hablar de amor y de amistad sin traer a colación, casi de forma inmediata, la generosidad. Se trata de un ingrediente fundamental en el amor, sin el cual es imposible que fructifiquen las relaciones maduras de auténtica estimación.

La generosidad allana el camino al amor, del mismo modo que el egoísmo lo entorpece. Es tan difícil querer a un egoísta como fácil amar a una persona generosa. Alguien podrá deslumbrarte por su belleza, por su simpatía, por su inteligencia, por sus talentos o por su fortaleza, y esas cualidades serán, en algunos casos, incluso causa de un enamoramiento. Sin embargo, lo que después permitirá que aquel enamoramiento se convierta en amor sólido y duradero será la generosidad. Si no la hay, y la persona que te atrajo por sus cualidades y carisma es mezquina y está centrada en sí misma y en sus necesidades, tarde o temprano –más temprano que tarde–, cuando este rostro avaro se vaya asomando por detrás de su carisma, desaparecerá la atracción que sentías hacia ella.

Sabemos de sobra que amar no es fácil. Y que, pasados el ardor y la fiesta del enamoramiento, vienen los años tibios de la convivencia cotidiana –a ratos hermosa y a ratos difícil–, de aguantar las manías o peculiaridades del otro, de compaginar la comunicación fértil de los momentos más hermosos con la aridez de la soledad que ninguna relación, por intensa que sea, termina de eliminar. Y ahí, en ese día a día que mezcla alegrías con decepciones, es donde debe intervenir la generosidad. Al final, si reconocemos con honestidad que todos somos complicados, que todos tenemos desatinos y que, a ratos, todos ponemos palos a las ruedas de nuestras relaciones, llegaremos a una conclusión certera, propia de quien ya ha superado la tentación de creerse el centro del mundo: comprenderemos, con tanto asombro como agradecimiento, que, si es bonito que te quieran gracias a tus talentos, es maravilloso que te sigan amando a pesar de tus defectos. Lo primero es hermoso, lo segundo formidable. Y entonces tú también podrás preguntarte si solo quieres a los que te rodean por sus virtudes, o si ya has empezado a amarlos a pesar de sus faltas.

Por todo eso, porque la generosidad es un ingrediente imprescindible para que perdure la estimación entre las personas, su ausencia será un modo infalible de detectar amistades y amores adulterados, artificiales y engañosos. La idea misma de un amor posesivo, por ejemplo, es una incongruencia: quien «ama» queriendo atrapar y enjaular al otro, en realidad se ama a sí mismo; busca solventar sus carencias, y la felicidad del otro le trae sin cuidado. Ya lo dijo san Pablo: «El amor [cuando es verdadero, se entiende] es servicial... no busca su interés... todo lo aguanta, todo lo espera, todo lo soporta» (1Cor 13,4.5.7).

Las personas tenemos una capacidad casi infinita de autoengañarnos, especialmente en el campo del amor. Con tal de no sentirnos solos damos por buenas y sostenemos relaciones de todo tipo, que disfrazamos de amistad, o de amor, y entonces terminamos viviendo amores fraudulentos: circunstanciales –del tipo «te quiero porque pasabas por aquí y no vi nada mejor»–, amores condicionados –«te quiero siempre y cuando hagas eso, pienses de ese modo y seas en todo como yo necesito que seas»–, amores interesados –«te quiero por los beneficios que obtengo de ti»–, amores pasajeros –«te quiero mientras no encuentre algo más interesante»–, amores superficiales –«te quiero, pero, por favor, no me cuentes demasiadas cosas de tu vida»– o amores posesivos –«eres mío, o mía, y te voy a tratar como tal»–. El denominador común de todos estos amores fraudulentos es la ausencia de generosidad.

Dado que las personas somos muy complejas y vivimos traspasadas por mil ambigüedades, la búsqueda de un amor puro en el que no haya ni el menor rastro de interés probablemente sea una quimera. Lo más habitual es que nos amemos los unos a los otros con una extraña y a menudo contradictoria mezcla de generosidad y egoísmo: nos desvivimos por nuestros seres queridos, pero en el fondo esperamos que, a cambio, nos aseguren su afecto. Queremos lo mejor para ellos, pero deseamos –con la misma intensidad– que su proyecto de vida nos incluya. Nos disgustaría pisotear su libertad, pero a la vez nos desesperaría que decidieran alejarse de nosotros. Decimos que los amamos tal y como son, pero en el fondo desearíamos que cambiaran aquellos aspectos de su personalidad que nos desagradan. Todo eso es normal, y forma parte de la naturaleza misma –embrollada, enrevesada y paradójica– de las relaciones humanas. Lo cual no significa que no debamos trabajar, todos los días, para construir amistades donde, en medio de esta inevitable mezcolanza de amor desinteresado y egoísmo, la generosidad vaya ganando la partida. Por la sencilla razón de que las relaciones construidas sobre la generosidad son mucho más sólidas, profundas y reconfortantes que aquellas que se sostienen, como buenamente pueden, sin los cimientos de una entrega incondicional.

Tal vez muchas personas que se lamentan de su mala suerte en el amor y deploran su soledad deberían quejarse menos y empezar a pensar si no podrían ser un poquito más generosas con quienes les rodean. Es difícil que alguien profundamente entregado no genere un círculo de amistades verdaderas. Lo expresó bellamente Pere Casaldáliga en un poema muy conocido: «Al final del camino me dirán: "¿Has vivido? ¿Has amado?". Y yo, sin decir nada, abriré el corazón lleno de nombres»[1]. Quizá los egoístas sean los únicos que al final del camino descubran con asombro –cuando ya es demasiado tarde– que en su corazón no hay nadie.

---

[1] «El corazón lleno de nombres», en P. CASALDÁLIGA, *Antología personal,* Trotta, Madrid 2006, 98.

CAPÍTULO 8

La generosidad en los conflictos

En principio, los conflictos –interpersonales, sociales, políticos...– no son el terreno más propicio para el ejercicio de la generosidad. En las disputas abundan los recelos y el deseo de vencer, de imponer el criterio propio, o de conseguir aquello que está en juego. En el conflicto defendemos nuestros intereses, nuestras opiniones, nuestros derechos, nuestra causa, y parece ser el último lugar en el que cabría plantearse la intervención de la generosidad. ¿Ser generosos con un amigo, con un hermano o con uno «de los nuestros» –sea lo que sea que signifique, para cada cual, eso de «uno de los nuestros»–? Sí, tal vez. Pero... ¿ser generoso con el adversario, el que me ha herido, el que se sitúa a las antípodas de mis posiciones y el que, si pudiese, seguramente me borraría del mapa? Jamás.

Y, no obstante, muchas veces la generosidad es justamente lo que se precisa para superar el conflicto, *lo único* que puede resolverlo, lo único que posibilita la paz. A menudo, un gesto generoso hacia el contrincante puede desarmarlo y revolucionar la escena, allanando el camino hacia una salida que hasta ese momento parecía inalcanzable. Las disputas suelen desencallarse, y sus protagonistas empiezan a vislumbrar una solución, cuando ambas partes son capaces de ceder, generosamente, en alguna de sus pretensiones iniciales.

De alguna manera, a eso apunta Jesús cuando, frente a la antigua enseñanza del «ojo por ojo, diente por diente» (Éx 21,4), afirma: «No hagáis frente al que os agravia. Al contrario, si uno te abofetea en la mejilla derecha, vuélvele también la otra. Al que quiera ponerte pleito para quitarte la túnica, déjale también la capa; a quien te fuerza a caminar una milla, acompáñalo dos. Al que te pide, dale; y al que quiere que le prestes, no le gires la espalda» (Mt 5,39-42). Estos versículos del sermón de la montaña no son un canto a la debilidad ni una búsqueda masoquista de la derrota o la humillación. No hay que entenderlos a la manera de Nietzsche, para quien el Evangelio era una desalentadora receta para pusilánimes y perdedores. Al contrario, poner en práctica lo que Jesús plantea requiere enormes dosis de fortaleza y de tesón, pues se trata de ejercer la generosidad en las circunstancias más adversas, cuando menos natural y lógico nos parecería; se trata de tener un gesto generoso hacia el enemigo, con la esperanza de que muchas veces solo este gesto sorprendente, de benevolencia inesperada, pueda desactivar la lógica del conflicto y transformarlo en algo distinto. Lo que Jesús nos propone es enormemente exigente: ni más ni menos que superar el instinto animal de supervivencia y autoprotección para ser capaces de convertir los conflictos en momentos de encuentro, la batalla en semilla de fraternidad, el combate en reconocimiento del otro y sus razones. ¿Pura ingenuidad? Quizá sí, y es obvio que habrá conflictos que ni siquiera la generosidad más extraordinaria sea capaz de resolver o desencallar. Sin embargo, si la alternativa es la guerra permanente de todos contra todos, la polarización sin fin y los reproches, los insultos, la venganza y la violencia... tal vez, entonces, valdrá la pena probar la fórmula de Jesús. No siempre dará resultado. Pero muchas veces será la mejor opción intentarlo, y lo único que, en algún momento –aunque no sea de forma inmediata– pueda llegar a darlo.

No cabe duda de que vivimos en sociedades cada vez más tensionadas y «conflictivas», marcadas por una polarización ideológica que parece invadir todos los ámbitos de la vida. En este contexto, un poco más de generosidad sería una gran noticia. Y, sin embargo, la propia dinámica de la polarización parece sofocar la posibilidad de que se produzcan gestos de esplendida audacia hacia el bando contrario; más bien se diría que la misma crispación que nos envuelve ha contribuido a aumentar el atroz déficit de generosidad que se percibe por todas partes.

Ejercer esta generosidad en medio de los conflictos también consiste en tener en cuenta no tanto –o no *solo*– las *opiniones* del rival sino, sobre todo, su *experiencia*. Puede que me horroricen sus puntos de vista y sus argumentos... pero, ¿podría preguntarme de dónde vienen, qué vivencias les dieron alas y en qué terreno entierran sus raíces estas opiniones? Ser generosos con quien se nos planta enfrente con una visión de la vida antagónica a la nuestra también es intentar comprender su trayectoria, su educación, su dolor, sus heridas, sus miedos y sus anhelos. Y huir, en todo caso, de la tentación de convertir al rival en una caricatura plana, sin fondo, construida a partir de dos o tres prejuicios y algún manido estereotipo. Podemos estar en desacuerdo con alguien, pero lo que no deberíamos hacer jamás es reducirlo a una viñeta, porque nadie –ni nuestro peor enemigo– es una viñeta. Todo el mundo tiene sus razones, por extrañas que nos puedan parecer a los demás. Hacer un esfuerzo por entender la experiencia del adversario no tiene por qué convencernos de que sus opiniones son maravillosas o de que las nuestras son erróneas, pero será un acto de generosidad que, muy posiblemente, dará sus frutos. Quizá una mayor disposición a dialogar; quizá incluso un atisbo de empatía por nuestra parte; quizá el reconocimiento de algún punto de entendimiento que antes nos parecía imposible encontrar.

Habría que subrayar que la generosidad puede jugar un papel esencial en toda clase de conflictos, como apuntaba más arriba, y no únicamente en los de la vida cotidiana y doméstica. No es que solo pueda ayudar a resolver las disputas interpersonales que surgen en el hogar, o entre amigos y conocidos, a las que Jesús parece referirse en el pasaje citado más arriba, del capítulo quinto del evangelio de Mateo. También los grandes conflictos políticos y globales pueden mejorar o empeorar según aparezca en el escenario, o no, alguien dispuesto a actuar con generosidad. Podríamos pensar en algunos ejemplos.

Uno, positivo, en el que una opción generosa cambió el curso de la historia, sería el de Nelson Mandela. Los hechos son conocidos: después de pasar la friolera de veintisiete años encarcelado, optó por tender la mano a quienes le habían encerrado para tratar de construir una nueva sociedad contando con ellos. Mandela fue consciente de que solamente teniendo en cuenta a sus adversarios e integrándolos en el proyecto de forjar la Suráfrica del futuro, podría empezar a superarse el conflicto racial en su país. No es difícil imaginar que la opción contraria –el deseo de buscar venganza y de destruir a sus enemigos– tuvo que ser tremendamente tentadora.

Un ejemplo negativo, igualmente famoso, en que la falta de generosidad tuvo consecuencias desastrosas fue el modo en que los vencedores de la I Guerra Mundial trataron a sus vencidos. En vez de actuar con la magnanimidad propia de quienes piensan a largo plazo, las durísimas y humillantes condiciones impuestas a Alemania por el Tratado de Versalles de 1919 sembraron las semillas de la II Guerra Mundial[1]. Nunca

---

[1] Alemania estuvo sufragando la indemnización de la guerra hasta el año 2010, cuando el Bundesbank hizo un último pago de casi 70 millones de euros. Las indemnizaciones incluyeron, entre otras, la entrega de todos los barcos mercantes alemanes de más de 1.400 toneladas, el pago anual de 44 millones de toneladas de carbón, 371.000 cabezas de ganado, la expropiación de la propiedad privada alemana en los territorios y colonias perdidas y el pago de 132.000 millones de marcos de oro del Reich –que

sabremos si un trato más benévolo y generoso por parte de Francia, Inglaterra, los EE. UU. y sus aliados hacia los perdedores hubiese evitado que, pocos años más tarde, a Hitler le fuese tan fácil apelar al espíritu herido de sus compatriotas para levantar su reino de locura y terror. Es lo más probable. El *Führer,* como tantos líderes populistas y manipuladores de ayer, de hoy y de siempre, hurgó en los instintos más primarios de aquellos que lo encumbraron: la petulancia, el racismo y, sobre todo, el sentimiento de humillación que había dejado en su país el desenlace de la guerra europea. El tremendo desprecio –¿y codicia?– con que los vencedores de 1919 trataron a Alemania al finalizar la primera contienda le simplificó la tarea. Seguramente, un Tratado de Versalles más generoso hubiese evitado su ascenso y cambiado, así, la historia.

---

hoy equivaldrían aproximadamente a 450.000 millones de dólares, y que debido a la necesidad de pagar a plazos fueron aumentando hasta los 300.000 millones de marcos de oro del Reich–. Alemania logró liquidar el pago de las reparaciones de guerra en 1983, pero todavía quedaba pendiente el abono de los intereses generados desde la aprobación del Tratado, que ascendían a 125 millones de euros, y que fueron saldados el 3 de octubre de 2010.

CAPÍTULO 9

La generosidad con quienes aún no están aquí

La crisis climática a la que nos enfrentamos plantea la cuestión ineludible de tomar medidas pensando en las generaciones futuras, y la urgencia de cambiar nuestro estilo de vida, nuestras costumbres y nuestros hábitos para garantizar que la humanidad del mañana tenga un planeta donde vivir. Es la generosidad con quienes aún no están aquí; lo que el papa Francisco ha llamado *justicia entre generaciones* y también *solidaridad intergeneracional*[1]. «¿Qué tipo de mundo queremos dejar a quienes nos sucedan?», se pregunta el Pontífice[2].

Algunos dicen que lograr el desarrollo sostenible que propiciaría este futuro para nuestros descendientes nos exige unos sacrificios dema-

---

[1] *Laudato si'* 159.
[2] *Ib.*, 160.

siado onerosos. ¿Cómo vamos a dejar de viajar, o de viajar con la frecuencia a la que nos hemos acostumbrado? ¿Cómo renunciar a consumir la cantidad de carne que hoy ponemos en nuestra mesa? ¿Cómo adquirir el hábito de reutilizar bienes que ahora desechamos rutinariamente? ¿Cómo perder la comodidad de ir a todas partes en nuestro propio vehículo y empezar a utilizar a todas horas el engorroso sistema de transporte público de nuestras ciudades?

La respuesta a tales objeciones es que, de hecho, *también* en esta dimensión de la generosidad hay más dicha en dar que recibir, porque las transformaciones y el cambio de paradigma –sin los cuales es imposible legar un mundo vivible a las generaciones venideras nos ayudarán a gozar–, *a nosotros,* aquí y ahora, de una vida más saludable, más centrada en lo esencial –y por tanto más sabia–, menos individualista –y por tanto más fraterna– y menos inmediatista –y por tanto más abierta a lo trascendente–.

En efecto, a lo que hay que renunciar si queremos salvar el planeta es a un estilo de vida que, pese a que muchos no queramos verlo, nos empequeñece. La generosidad con los que aún no están aquí implica renunciar al despilfarro de bienes y recursos que unos llevamos a cabo mientras otros pasan hambre; al embotamiento de los sentidos que suele venir con el exceso de lujo y boato; a la pobreza espiritual que genera la experiencia de una vida consagrada al culto de la comodidad y del querer que todo sea fácil, inmediato, acorde con nuestros deseos más mínimos; a una cierta –y ridícula– pretensión de omnipotencia: a creer que podemos tenerlo todo, a todas horas y en la forma exacta en que lo precisamos. En definitiva, renunciar a una visión de la vida en la que nosotros somos el centro del universo, y nuestras necesidades –hasta las más triviales– una urgencia impostergable.

La generosidad con quienes aún no están aquí nos ayuda a comprender cuál es nuestro lugar en la historia: un lugar modesto y pasajero, heredero de millones de años de evolución y deudor de incontables generaciones. Nos ayuda a entender que quienes hoy habitamos la Tierra somos un punto y seguido, jamás el punto final –como a veces quisiéramos creer– de un proceso que empezó mucho antes de que nosotros pisáramos el planeta y que seguirá cuando nosotros ya no estemos aquí. Aprender esta contingencia puede calmar nuestros anhelos quiméricos de dejar una huella imborrable en el mundo y en nuestras ansias de protagonismo.

Los primeros beneficiados de pensar en las generaciones futuras, tratando de tomar las medidas necesarias para legarles un planeta habitable, seremos nosotros mismos: en el proceso de tomar conciencia de nuestra responsabilidad hacia los que aún no han nacido descubriremos que la vida puede ser más sencilla, más profunda, más plena y más feliz de lo que a menudo creemos.

CAPÍTULO 10

Capitalismo y Evangelio: dos visiones contrapuestas (con la generosidad en el punto de mira)

Como apuntaba al terminar las breves pinceladas sobre las diferencias entre la generosidad y el desprendimiento, quienes quieran vivir a fondo y radicalmente el Evangelio, tarde o temprano tendrán que enfrentarse a la cuestión de la incompatibilidad que existe entre el mensaje de Jesús –y la importancia que él da a la generosidad– y los dogmas de la sociedad capitalista. Porque no es exagerado ni desatinado decir que el capitalismo y el Evangelio son antagónicos. Veámoslo con un poco más de detenimiento.

El edificio ideológico de nuestro sistema económico se fundamenta en el concepto de la propiedad privada. Aquello que has comprado y que te has ganado gracias a tu sudor es tuyo, te pertenece, y nadie te lo puede quitar. Es tu derecho legítimo conservarlo y protegerlo a toda costa y, en cualquier caso, si quieres desprenderte de algo, lo lógico será que lo vendas al mejor precio que te ofrezca el mercado. A partir de esta noción básica e indiscutida, vivimos en un mundo que prioriza el rendimiento económico por encima de todo, reduciendo muchas veces al ser humano a la categoría de productor y consumidor[3].

El Evangelio, por su lado, parte de la idea de que todo lo que tenemos es un don, y nos invita a pensar que cuanto más nos deprendamos de nuestras posesiones, más podremos centrarnos en Dios. «Ve, vende todo lo que tienes y dáselo a los pobres. Así tendrás en Dios tu riqueza; y anda, ven y sígueme», le dice Jesús al hombre rico cuando percibe en él el deseo de buscar el sentido último de su existencia (Mc 10,21). El desprendimiento es la condición para la vida de la fe.

En cierto modo, el capitalismo apela a nuestros miedos más atávicos, a nuestro instinto de autopreservación, al temor a la intemperie: nos

---

[3] El filósofo Byung-Chul Han lleva años describiendo, muy críticamente, lo que él llama la *sociedad del rendimiento,* y señalando que hoy muchas veces la explotación ya no viene de un agente externo (el patrón, el burgués, el dueño de la fábrica...), sino de uno mismo: hemos *interiorizado* tanto el dogma de que vivimos para producir que nosotros mismos nos obligamos a ser máquinas del rendimiento económico, esclavizándonos y vetándonos la posibilidad de llevar vidas más humanas, más sosegadas, más profundas, más plenas... y más felices.

invita a poner nuestra confianza en los bienes y propiedades que vamos adquiriendo a lo largo de la vida. El Evangelio, en cambio, parecería apelar a lo más noble que hay en nosotros, empezando por nuestra capacidad de confiar, por encima de todo, en la bondad de un Dios que nunca nos soltará de la mano.

El capitalismo apela a nuestro orgullo, a nuestra tendencia a creernos dueños de cuanto podemos acumular y a la fantasía de que debemos intentar ser hombres y mujeres hechos a nosotros mismos. El Evangelio apela a nuestra conciencia de ser meros custodios de la creación, e hijos e hijas de Dios.

Sería difícil pensar en un discurso más antagónico al del sistema capitalista que este:

No acumuléis tesoros en la tierra, donde la polilla y la herrumbre los destruyen, donde los ladrones perforan paredes y los roban. Acumulad tesoros en el cielo (Mt 6,19-20).

Y sigue:

No podéis servir a Dios y al dinero. Por eso os digo que no andéis angustiados pensando qué vais a comer o a beber, ni por el cuerpo, pensando con qué os vais a vestir (24-25).

Y concluye:

Buscad primero el Reino y su justicia, y todo lo demás se os dará por añadidura. En definitiva, no andéis preocupados por el mañana, porque el mañana se preocupará de sí mismo (33-34).

En el centro de esta tensión entre capitalismo y Evangelio está el valor que cada uno otorga a la generosidad. Para Jesús, la generosidad y el desprendimiento nos hacen libres y nos acercan a Dios. Para el capitalismo, la generosidad es peligrosa: empezar a dar de lo tuyo sin pedir nada a cambio y sin querérselo cobrar a quienes se lo entregas es, a ojos del sistema económico, un disparate que pone en riesgo el edificio entero. En una sociedad donde todo el mundo quisiese vivir el Evangelio a fondo, el sistema económico capitalista fracasaría estrepitosamente: un mundo de personas absolutamente desprendidas convertiría en irrelevantes las leyes del mercado, que se basan en nuestro deseo de acumular bienes y propiedades, es decir, en nuestra codicia. «La codicia es buena, la codicia tiene razón, la codicia funciona», proclamaba Gordon Gekko, el inolvidable corredor de bolsa interpretado por Michael Douglas en la película *Wall Street,* de Oliver Stone. Era un retrato crudo, pero certero, del corazón del capitalismo.

Sea como sea, aquí lo importante es caer en la cuenta de que, en boca de Jesús, la invitación a dar, y a dar de forma sobreabundante («a quien te pida, dale»), dista mucho de ser una propuesta buenista, pueril o inocente. Al contrario, vivida con radicalidad, la generosidad evangélica torpedea la línea de flotación del capitalismo. No hay nada más opuesto al mandato de producir y consumir que la invitación cristiana a vivir con desprendimiento y a desconfiar de la protección que, supuestamente, nos brindan las riquezas.

Lo cierto es que vivimos tranquilamente y sin mayores conflictos de conciencia como cristianos y como miembros de una sociedad capitalista porque, en cierta medida, abandonamos los principios fundamentales de ambos sistemas de pensamiento.

Por un lado —¡afortunadamente!— no nos terminamos de creer el cuento de que solo estamos aquí para producir y consumir. Algo, en lo más hondo de nuestro corazón, nos dice que la vida es mucho más que eso, y que lo realmente valioso de la existencia humana no se encuentra en los estantes de ningún supermercado: la amistad, el amor, la belleza, la integridad y la esperanza no están en venta, ni puedes conseguirlas a golpe de tarjeta de crédito. Esta conciencia nos acerca al Evangelio.

Por otro lado, miramos el discurso de Jesús desde una distancia prudencial. Nos llamamos *cristianos,* tal vez practiquemos la fe, pero de buenas a primeras asumimos que en los evangelios hay una radicalidad que debe ser puesta en tela de juicio. Sí, es un horizonte hermoso, un ideal de máximos, pero –nos decimos– está claro que nadie puede poner en práctica al pie de la letra lo que exige el sermón de la montaña.

En esta renuncia de ciertos postulados del capitalismo y de ciertos postulados del Evangelio, a menudo es el segundo quien termina llevándose la peor parte.

La cuestión, para quienes queramos acercarnos a la experiencia de Jesús, radica en cuánta distancia ponemos entre sus Palabras y nuestros miedos, entre su ideal y nuestra mediocridad, entre su audacia y nuestra cobardía, entre su propuesta atrevida y nuestra necesidad de tener seguridades tangibles. Porque sí, es cierto que vivir el Evangelio al pie de la letra puede parecer una quimera –Tolstoi lo intentó, y chocó con un muro de dificultades–. Pero también es cierto que empezamos diciendo que las palabras de Jesús deben ser contextualizadas, interpretadas, repensadas... y, por este camino, terminamos despojándolas de toda su fuerza y de toda su capacidad para moldear realmente nuestras decisiones. Las guardamos en el armario, de vez en cuando acudimos a ellas para que nos orienten en alguna situación puntual, pero no permitimos que guíen y marquen el rumbo fundamental de nuestras vidas.

Si más cristianos nos tomáramos un poco más en serio la posibilidad de vivir radicalmente la generosidad que nos propone Jesús, al mundo le cambiaría la cara. Tal vez no sería el fin del capitalismo, pero sí significaría, seguramente, cierta humanización de este capitalismo desnortado e inmisericorde que actualmente está creando el mundo más desigual de la historia: impulsado por las leyes del mercado y por una defensa absoluta y sin matices de la propiedad privada, el siglo XXI se está convirtiendo en la era de la desigualdad: «Hoy, el 1 % más rico de la población posee la mitad de la riqueza del mundo. Y, lo que es más alarmante: las cien personas más ricas del planeta poseen más riqueza que los cuatro mil millones más pobres»[1]. Ciertamente, si viviéramos con un poco más de convicción el desprendimiento y la generosidad que formuló Jesús, no habríamos llegado a esta situación, o trabajaríamos con más ahínco para corregirla.

---

[1] Y. N. HARARI, *21 Lessons for the 21st Century,* Jonathan Cape, Londres 2018, 73 y 74.

CAPÍTULO 11

La generosidad frente a la enfermedad, la vejez y la muerte

La vida se alimenta de días generosos.
Si se ha podido dar, la muerte es otra.

Con estos versos termina un bello poema de Joan Margarit titulado *La época generosa,* en el que recuerda los años de la crianza de sus hijos. El poeta constata lo que hemos venido subrayando en esta meditación: que la generosidad nos ayuda a encontrarle el sentido a la vida y que, por lo tanto, una vida egoísta es, ante todo, una vida triste, humanamente escuálida, desorientada. La última observación de la poesía («si se ha podido dar, la muerte es otra») es acertadísima: es distinto morir después de haber vivido generosamente que después de haber vivido sin tener en cuenta a los demás.

Se podría ampliar la expresión del poeta y, sin traicionar su sentido, incluir en ella la enfermedad y a la vejez –antesalas de la muerte–, y decir: «Cuando se ha podido dar, las dolencias, así como las renuncias a las que nos obliga la edad, cambian». No es lo mismo estar enfermo y enfrentar los años del declive vital del cuerpo y de la mente después de haber vivido con generosidad que después de haber llevado una existencia marcada por el egoísmo.

Mirar atrás y descubrir la generosidad con la que hemos embellecido nuestros días no nos evita la enfermedad ni la vejez, ni mucho menos la muerte, pero nos las hace más llevaderas. En el reconocimiento de habernos desvivido por otras personas, cuyos rostros atesoramos en la última etapa del viaje, hay una íntima satisfacción y una alegría que no podrá robarnos ninguna dolencia del cuerpo, ninguna fragilidad, y ni siquiera la certeza de la muerte. En el fondo es lo que también exponen los versos de Pere Casaldáliga que ya traje a colación al comentar el papel de la generosidad en el amor y la mistad: «*Al final del camino* me dirán: "¿Has vivido? ¿Has amado?". Y yo, sin decir nada, abriré el corazón lleno de nombres».

En cambio, pocas cosas son tan dolorosas (por su carácter irreversible) como entrar en la ancianidad y acercarnos a la muerte desde la conciencia de que nuestra vida ha sido mezquina. Envejecer y no poder conjurar los rostros de aquellos a los que ayudamos cuando podíamos hacerlo, simplemente porque no lo hicimos, es confrontarnos, cuando ya es demasiado tarde, con la certidumbre de que hemos desaprovechado el tiempo.

En la enfermedad, en la vejez y a las puertas de la muerte, cuando apenas nos quedan fuerzas y ya es muy poco lo que podemos ofrecer a los demás, rememorar un pasado generoso no es un acto de nostalgia estéril, sino un bálsamo valiosísimo: aquello que nos permite enfrentar el final con serenidad, sosiego, paz interior y, por qué no, con alegría.

Además, quien hizo de la generosidad su estilo de vida cuando contaba con salud y vigor, lo tendrá más fácil para seguir siendo generoso cuando le llegue la ancianidad, y, con ella, sus inevitables achaques. El dolor puede amargarnos, y es natural que las renuncias propias de la vejez nos disgusten y depriman: precisamente por eso, un abuelo amable, agradecido con los que lo cuidan, es un testimonio hermoso de sencillez y humanidad satisfecha. También es un ejemplo para los más jóvenes, que tal vez se preguntan por el sentido de sus vidas: ver a un anciano feliz, capaz de ser generoso y de prestar atención a los demás en medio de su fragilidad, es una demostración tangible de que es posible vivir con plenitud y completar con serenidad nuestro recorrido en este mundo. En cambio, un abuelo irascible, colmado de amarguras e incapaz de dar las gracias a quienes lo atienden, es un espectáculo triste y descorazonador. Puede que la pesadumbre de muchos ancianos sea el resultado de la comprensión tardía, que muchas veces no tendrán la valentía de confesar a nadie –ni siquiera a sí mismos– que vivieron sin generosidad.

CAPÍTULO 12

La parábola de las diez doncellas: no todo se puede dar (los límites de la generosidad)

Una de las grandezas del Evangelio es que suele contemplar todos los matices de los asuntos que plantea. Así, la inmensa mayoría de las parábolas de Jesús que versan sobre la generosidad afirman sin ambigüedad que el reino de Dios se construye con personas desprendidas, capaces de entregarse radicalmente a los demás: son inolvidables la generosidad del padre del hijo pródigo cuando este regresa a casa; la del buen pastor que sale a buscar la oveja perdida; la del samaritano que encuentra al hombre malherido en su camino, y, además de curarlo, lo lleva hasta una posada y deja dinero suficiente al posadero, para que no le falte de nada, o la del dueño de la viña que al final del día paga lo mismo a quienes han trabajado toda la jornada que a los que solo han trabajado una hora.

No obstante, hay una parábola sorprendente, la de las diez doncellas (Mt 25,1-13), que señala los límites de la generosidad y muestra que, en la vida, no todo puede darse. Mientras esperan al novio, que tarda en llegar, las diez muchachas, rendidas por el cansancio, se duermen. A medianoche alguien grita: «¡Salid a recibirlo, que ya llega!». Y entonces, viendo que sus candiles se apagan, las cinco jóvenes necias, que no han cargado con aceite de reserva, suplican a las otras que compartan con ellas un poco del suyo. Tal vez quienes escucharon la parábola por primera vez de los labios de Jesús esperaban que la historia terminase con las jóvenes sensatas haciendo gala de su generosidad y compartiendo su óleo con las otras. Sin embargo, no hay final feliz para las necias. Las sensatas, a las que Jesús pone como ejemplo, se niegan, soltando una frase que nos puede parecer dura y desprovista de misericordia: «Por si acaso no hay bastante para todas, mejor es que vayáis a la tienda a comprarlo». Y, naturalmente, mientras las desdichadas van a comprar su aceite, llega el novio, las que estaban preparadas entran al banquete y las demás se quedan afuera.

La historia muestra el rostro más realista del Evangelio, y desmiente a quienes tal vez podrían acusarlo de ingenuidad o buenismo. Jesús nunca es ingenuo, tampoco en su canto a la generosidad. Aquí deja muy claro que en la vida hay cosas que simplemente *no pueden* darse. Porque la clave del asunto está en comprender que, al negarles el aceite a las demás, las cinco muchachas sensatas no están siendo avaras ni egoístas; sencillamente entienden que es imposible compartir su sensatez, que es justamente lo que representa el aceite. Por más que quisieran, no podrían ayudar a sus compañeras e improvisar, en un santiamén, un curso acelerado de madurez y buen juicio que, de algún modo, es lo que las otras, alocadamente, pedían.

Apoyándonos en esta parábola descubrimos los límites de la generosidad. Hay dimensiones de la vida que cada cual debe trabajar por sí mismo, que no se improvisan, y que nadie puede darte si tú no las cultivas. Tus actitudes más íntimas frente a los retos que plantea el día a día, tus principios, tu tesón, tu esperanza, tu fe, tu caridad, tu entusiasmo, tu deseo de servir a los demás o tu sensatez... son tuyas, son personales, son el fruto de tu historia individual y de las opciones que has ido tomando poco a poco, en conciencia, a lo largo de tu proceso de maduración. A veces quisiéramos que las cosas no fuesen así: puede resultar desesperante y angustioso descubrir que las personas que amas, y que quisieras que fueran más firmes, o esperanzadas, o confiadas, o caritativas, o entusiastas, o serviciales, o sensatas, no posean estas cualidades. Podrás ofrecerles consejo, podrás indicarles por dónde, a tu modo de ver, va el camino. Pero jamás podrás trasplantar artificialmente en sus corazones ninguna de estas cosas, del mismo modo que nadie podrá sembrar en el tuyo lo que tú no hayas cultivado, con paciencia y determinación. Nuestra insensatez, y el deseo frívolo de vivir en la superficie de la vida, sin tomarnos nada en serio, señalan los límites a la generosidad.

Conclusión

Según el Evangelio, la madurez humana consiste en descubrir que las personas vivimos para los demás: que una vida plena, aprovechada y verdaderamente espiritual es aquella que se entrega a los hermanos. Y que una vida egoísta, replegada sobre sí misma, que se desentiende sistemáticamente de la suerte de aquellos a quien uno podría ayudar, es una vida insulsa, pobre, malbaratada y alejada de Dios. Jesús afirma, con sus enseñanzas y con su biografía, que *vivir es desvivirse* por otros, en especial por los más pobres y olvidados de la sociedad.

Sin perder tiempo en aburridas y áridas consideraciones sobre los méritos morales de la generosidad, el Evangelio asegura que es, por encima de todo, fuente de alegría: «Hay más dicha en dar que en recibir». De la mano de esta afirmación genial, descubrimos que el egoísmo no solo es desaconsejable porque es moralmente censurable –que lo es–, sino, sobre todo, porque siempre termina dejando en nosotros un pozo de tristeza y de insatisfacción.

¿Siempre?, podríamos preguntar.

Siempre, habría que responder, que las personas tengamos un mínimo de profundidad y de capacidad reflexiva. Alguien completamente superficial, que no tuviese el menor interés en desentrañar el sentido de su vida y que viviera únicamente para satisfacer sus deseos más primarios e inmediatos, quizá podría ser a la vez egoísta y feliz. El problema está en saber si existen personas que respondan a esta descripción. Ciertamente, muchas veces da la impresión de que el sistema económico que nos rodea nos quisiera superficiales, irreflexivos y sedientos de llenar el tiempo con satisfacciones básicas y entretenimiento barato –el famoso «pan y circo» de los romanos, trasmutado hoy en una oferta abrumadora de series televisivas de mayor o menor gusto, películas repetitivas de superhéroes simplones, interminables programas de deportes, música comercial y enlatada, videojuegos adictivos y aplicaciones digitales diseñadas, se diría, para adormecer nuestro espíritu–.

Afortunadamente, la complejidad humana siempre termina abriéndose paso para desbaratar los deseos de quienes desearían anestesiarnos el espíritu. Y, así, el día menos pensado la persona más frívola que conocemos nos sorprende con una crisis identitaria, o con un anhelo de altos vuelos, o con cuestiones sobre su futuro, o con la confesión de antiguas heridas que no la dejan dormir en paz. Aquel que parecía vivir solo para distraerse con la primera bobada disponible nos asalta de pronto con un discurso sorprendentemente lúcido sobre su estilo de vida, y las dudas que le genera. Aquella que daba la impresión de dedicar todas sus energías a pintarse los ojos y las uñas e ir a la peluquería nos llama, deseosa de manifestar viejas humillaciones que aún le duelen y que ha guardado en secreto durante años. Y al final descubrimos que, gracias a Dios, no hay personas simples y que todos, cada cual a su manera, somos una encrucijada de contradicciones. Y nos damos cuenta de que tal vez desde la distancia *los demás* podemos sospechar que alguien es simplón, pero que nadie se considera *a sí mismo* como una persona sin fondo, sin sentimientos, sin problemas o sin anhelos: es la prueba más clara de que nadie lo somos. Podemos ponernos tantas máscaras de frivolidad como queramos; tarde o temprano aflorará la humanidad compleja que llevamos dentro, revelando, en todo el mundo, un laberinto de deseos y miedos, esperanzas, temores, dudas, complejos, recelos, envidias, sueños y búsquedas.

Y entonces sí, en todos se cumplirá, y *siempre,* la afirmación de que el egoísmo nos deja en el corazón un pozo de tristeza, aunque tal vez no sepamos nombrarlo ni describirlo. Y en todos se cumplirá, *siempre,* la verdad que un día Lucas puso en boca de Pablo: que, en esta vida, hay más dicha en dar que en recibir.

El reto es creérnoslo: vencer los prejuicios y los miedos ancestrales que nos presentan la generosidad como un desatino en el que podríamos perderlo todo, como un peligroso desaguadero por el que se nos escapará la vida, y atrevernos a verla tal y como nos la presenta el Evangelio: un camino certero hacia la plenitud, el sentido... y la dicha.

Índice